Simone Marchi

In ginocchio davanti al Signore

Simone Marchi

In ginocchio davanti al Signore

Il corpo e la liturgia

Edizioni Sant'Antonio

Imprint

Cover image: www.ingimage.com

Publisher:
Edizioni Accademiche Italiane
is a trademark of
International Book Market Service Ltd., member of OmniScriptum Publishing Group
17 Meldrum Street, Beau Bassin 71504, Mauritius

Printed at: see last page
ISBN: 978-613-8-39188-3

In ginocchio davanti al Signore

Il corpo e la liturgia

INDICE

INTRODUZIONE 3

CAPITOLO PRIMO

1. IL CORPO E LA LITURGIA 5

1.1. CORPO E SPIRITO 5

1.2. I GESTI DEL CRISTIANESIMO 7

CAPITOLO SECONDO

2. PRASSI BIBLICA DELLA PREGHIERA IN GINOCCHIO 11

2.1. ANTICO TESTAMENTO 11

2.2. NUOVO TESTAMENTO 13

CAPITOLO TERZO

3. PRASSI NEL CRISTIANESIMO NEI PRIMI SECOLI 16

3.1. PERIODO PATRISTICO 16

3.2. IL SOSTRATO ELLENISTICO 20

CAPITOLO QUARTO

4. PRASSI NELLA CHIESA CATTOLICA LATINA E SITUAZIONE ATTUALE 22

4.1. DAL MEDIOEVO ALLA MODERNITÀ 22

4.2. IL RITO ROMANO ATTUALE 28

4.3. CONFRONTO CON LA TEOLOGIA ORTODOSSA MODERNA 32

CAPITOLO QUINTO

5. IMPLICAZIONI SPIRITUALI ED ESISTENZIALI 36

5.1. SUPPLICA E ADORAZIONE 36

5.2. GENUFLESSIONE O INCHINO 37

5.3. TRANSIGNIFICAZIONE E ARCHEOLOGISMI 39

CONCLUSIONE 43

BIBLIOGRAFIA 45

INTRODUZIONE

Diceva san Giovanni Paolo II nella sua enciclica *Ecclesia de Eucharistia* che in seguito alla vantaggiosa riforma della liturgia successiva al Concilio Vaticano II, oltre alla crescita di opportunità nella comprensione della fede sui misteri celebrati e alla maggiore presenza di elementi scritturistici, si riscontrarono anche profondi problemi dovuti a fraintendimenti e mancanze[1] che divennero nei decenni successivi motivo di discussione e di divisione nelle comunità cristiane: dalla comunione in mano o in bocca, fino all'inginocchiarsi o no durante la preghiera eucaristica.[2]

In particolare mi concentrerò sull'ultimo motivo di dibattito ed in generale affronteremo la teologia che soggiace alla preghiera in ginocchio nel cristianesimo, legandolo all'ancora più ampio discorso sull'importanza del corpo nella liturgia cristiana. Il cardinal Ratzinger, in qualità di prefetto della congregazione per la dottrina della fede, nel libro *Introduzione allo spirito della liturgia* dedicò un intero capitolo alla crisi moderna della preghiera in ginocchio nella Chiesa cattolica e parlò con preoccupazione di ambienti in cui non si era semplicemente perduto il senso di questo gesto biblico ma dove si insegnava addirittura ad evitarlo.[3]

Osserva un autore che, prima della riforma liturgica successiva al Vaticano II, nelle chiese cattoliche c'era quasi sempre la genuflessione e "non ci si

---

[1] «Non c'è dubbio che la riforma liturgica del Concilio abbia portato grandi vantaggi per una più consapevole, attiva e fruttuosa partecipazione dei fedeli al santo Sacrificio dell'altare. [...] Purtroppo, accanto a queste luci, non mancano delle ombre. Infatti vi sono luoghi dove si registra un pressoché completo abbandono del culto di adorazione eucaristica. Si aggiungono, nell'uno o nell'altro contesto ecclesiale, abusi che contribuiscono ad oscurare la retta fede e la dottrina cattolica su questo mirabile Sacramento. Emerge talvolta una comprensione assai riduttiva del Mistero eucaristico. Spogliato del suo valore sacrificale, viene vissuto come se non oltrepassasse il senso e il valore di un incontro conviviale fraterno. Inoltre, la necessità del sacerdozio ministeriale, che poggia sulla successione apostolica, rimane talvolta oscurata e la sacramentalità dell'Eucaristia viene ridotta alla sola efficacia dell'annuncio». GIOVANNI PAOLO II, *Ecclesia de Eucaristia*, n.10.

[2] Cfr. P. PRÉTOT, *La liturgia, un'esperienza corporale. Indicazioni per una «grammatica» del corpo nella liturgia*: "Rivista Liturgica" 96, 6 (2009), 968.

[3] «Vi sono ambienti, che esercitano notevole influenza, che cercano di convincerci che non bisogna inginocchiarsi. Dicono che questo gesto non si adatta alla nostra cultura (ma a quale, allora?); non è conveniente per l'uomo maturo, che va incontro a Dio stando diritto, o, quanto meno, non si addice all'uomo redento, che mediante Cristo è divenuto una persona libera e che, proprio per questo, non ha più bisogno di inginocchiarsi». J. RATZINGER, *Introduzione allo spirito della liturgia*, Cinisello Balsamo: San Paolo, 2001, 181.

sbagliava mai”:[4] il tabernacolo era sopra l’altare, la genuflessione veniva fatta sia all’ingresso che all’uscita e ad ogni passaggio durante il rito. Buona parte della Messa era vissuta in ginocchio dai fedeli e molte genuflessioni faceva anche il sacerdote, e nei casi di pontificali persino davanti al vescovo o alla sua cattedra vuota. Sicuramente c’era bisogno di concentrare il gesto dell’adorazione per eccellenza alla sola «presenza reale e sostanziale»[5] di Cristo, ma siamo arrivati ad una situazione odierna in cui spesso si entra in chiesa «come si entrasse in un saloon».[6]

L’importanza del riscoprire e rivalutare questo gesto liturgico così significativo è legata proprio al nostro rapporto con Dio e alla dimensione di testimonianza di fede che di conseguenza si può dare al mondo:

> Chi impara a credere, impara a inginocchiarsi; una fede o una liturgia che non conoscano più l’atto di inginocchiarsi, sono ammalate in un punto centrale. Dove questo gesto è andato perduto, dobbiamo nuovamente apprenderlo, così da rimanere con la nostra preghiera nella comunione degli apostoli e dei martiri, nella comunione di tutto il cosmo, nell’unità con Gesù Cristo stesso.[7]

---

[4] Cfr. C. NARDI, *Genuflessione o inchino? L'Apocalisse fra le panche di chiesa. E non solo*: “Rivista di Ascetica e Mistica” 27, 1 (2002) 65.

[5] PAOLO VI, *Mysterium Fidei,* n. 40.

[6] Cfr. NARDI, *Genuflessione o inchino?* 65.

[7] RATZINGER, *Introduzione allo spirito della liturgia*, 190.

CAPITOLO PRIMO

1. IL CORPO E LA LITURGIA

1.1. Corpo e spirito

Scriveva Romano Guardini a proposito dei segni liturgici che «la liturgia è un mondo di vicende misteriose e sante divenute figura sensibile: ha perciò carattere soprannaturale».[8] Noi cristiani celebriamo *attraverso* il corpo e non *nonostante* esso,[9] ma è avvenuto che dai tempi dell'ascesa della filosofia cartesiana in poi si è vissuta nella civiltà occidentale una sorta di condanna all'esilio del corpo come luogo espressivo, privilegiando la sola attività razionale.[10] Dietro ciò può esserci anche una volontà narcisistica tipica dell'era moderna e contemporanea, dopotutto una liturgia squisitamente intellettuale può essere più facilmente personalizzabile senza dover rispondere a criteri universali, tipici del linguaggio del corpo. In questa chiave di lettura un autore scrive infatti che «quando riduciamo la liturgia soltanto a una serie di contenuti non ne capiamo il vero senso, che è quello di essere una perdita di potere».[11] Possiamo pensare alla dinamica dell'incarnazione per spiegare la bellezza e la necessità dell'atto liturgico come atto divino ma anche umile e corporeo; proprio per questo mistero teandrico diventa imprescindibile la ricerca della verità nel segno posto. Se Dio, che essendo oltre la materia ci chiama ad adorarlo in spirito e verità, tocca l'uomo nel suo corpo è perché la Sua saggezza si adatta ad esso per la nostra utilità: san Tommaso d'Aquino nella *Summa Theologica* diceva che

---

[8] R. GUARDINI, *Lo spirito della liturgia. I santi segni*, Brescia: Morcelliana, 2003, 113.
[9] Cfr. C. FRANCO, *Catechesi dei gesti liturgici: come usarli, come insegnarli?*: "Rivista di Pastorale Liturgica" 40, 4 (2002) 35.
[10] *Ivi*, 34.
[11] Cfr. F. NASINI, *Ars celebrandi e didascalizzazione della liturgia*, "Rivista liturgica" 98, 6 (2011) 1056.

«è nella natura dell'uomo giungere alla conoscenza delle cose intellegibili attraverso le cose sensibili».[12]

Il rito svela proprio nel corpo la possibilità di esprimere la trascendenza e la comunicazione rituale del culto cristiano, dipendendo dalla viva tradizione della Chiesa, è un modo di rivelazione da cui la fede dipende non meno di quanto dipenda dalla stessa lettura della Bibbia.[13] La Parola di Dio infatti ha una valenza teologale che la colloca nel piano del mistero divino e quindi non è pienamente comunicabile se non anche per mezzo di riti e gesti, in sintesi dell'interezza del corpo e non solo dell'intelletto.[14] San Basilio diceva: «guarda come le forze dell'anima influenzano il corpo e come, d'altra parte, i sentimenti dell'anima dipendono dal corpo»,[15] e Origene nel suo *de oratione*: «l'uomo porta nel suo corpo l'immagine delle disposizioni che convengono all'anima durante la preghiera».[16]

Arrivando ai nostri giorni il Concilio Vaticano II, nella *Sacrosanctum Concilium*, ricorda ai pastori della Chiesa che «per promuovere la partecipazione attiva [...] si curino [...] pure le azioni e i gesti e l'atteggiamento del corpo»,[17] perché sia reso possibile che «i riti [...] non abbiano bisogno, generalmente, di molte spiegazioni».[18] Nelle intenzioni dei padri conciliari c'era la volontà di mantenere il rito il più possibile autentico e significativo senza cedere a didascalie e spiegazioni durante il suo svolgersi e perché ciò fosse possibile i gesti rituali dovevano essere chiari ed espliciti, tali da esprimere un contenuto reale a chiunque li vedesse e tali da rinforzare nella fede lo spirito di chi li avesse messi in atto. Inoltre dobbiamo sempre ricordare che lo scopo della liturgia è solo secondariamente di spiegazione del mistero e primariamente è un atto sacro per vivere un'alleanza di comunione secondo una ritualità che

[12] Cit. in: PRÉTOT, *La liturgia, un'esperienza corporale,* 969.
[13] Cfr. G. BONACCORSO, *la dimensione comunicativa della liturgia*: "Rassegna di teologia" 41, 4 (2000) 506.
[14] *Ivi*, 486.
[15] Cit. in: B. AMATA, *'Coram Domino'. Linguaggi che esprimono l'atteggiamento di adorazione davanti al Signore in alcuni antichi autori cristiani*: "Rivista Liturgica" 94, 6 (2007) 866.
[16] *Ibidem.*
[17] CONCILIO ECUMENICO VATICANO II, *Sacrosanctum Concilium*, n. 30.
[18] *Ivi*, n. 34.

riceviamo in eredità direttamente da Dio attraverso la Chiesa docente. La liturgia non dipende dal nostro arbitrio nell'insegnare ma è affidata alla nostra obbedienza nell'apprendere e trasmettere.

Il gesto in questione, l'inginocchiarsi, è portatore di un significato spirituale universale capace di parlare ad ogni uomo di ogni tempo e che non lascia spazio all'indifferenza; il movimento e la postura che ci vede indifesi sulle ginocchia dovrebbe essere l'immagine della libera scelta che fa il nostro uomo interiore:

> Quando l'inginocchiarsi diventa pura esteriorità, semplice atto corporeo, diventa privo di senso; ma anche quando si riduce l'adorazione alla sola dimensione spirituale senza incarnazione, l'atto dell'adorazione svanisce, perché la pura spiritualità non esprime l'essenza dell'uomo. L'adorazione è uno di quegli atti fondamentali che riguardano l'uomo tutto intero. Per questo il piegare le ginocchia alla presenza del Dio vivo è irrinunciabile.[19]

1.2. I gesti del cristianesimo

L'inginocchiarsi e lo stare in piedi sono in maniera unica e insostituibile gli atteggiamenti di preghiera più propriamente cristiani: lo stare in piedi è un gesto feriale, comune ad ogni realtà umana, ma nella liturgia cristiana è emblematico di colui che sovrasta la creazione ed è associato anche alla postura dei salvati dal Cristo,[20] mentre l'inginocchiarsi è la tipica azione corporale portatrice di un senso spirituale che può essere quello dell'umiltà e della penitenza, anche se generalmente è collegato all'adorazione.[21] A metà tra l'inginocchiarsi e lo stare in piedi è l'inchinarsi, il *supplices*, un gesto fondamentale per il cristiano che

---

[19] RATZINGER, *Introduzione allo spirito della liturgia*, 187.
[20] Cfr. FRANCO, *Catechesi dei gesti liturgici*, 36.
[21] «L'inginocchiarsi indica e accompagna i momenti dell'epifania divina all'interno della liturgia». L. MARTINELLI, *Le forme del Sacro*, Brescia: Carvinato Editore, 2014, 75.

esprime rispetto e profonda umiltà.[22] L'inchino nella liturgia cattolica è di due tipi, uno si fa tramite l'inclinazione del capo e l'altro con l'inclinazione del busto. Un ulteriore gesto strettamente imparentato all'inginocchiarsi è quello antico della prostrazione, circoscritto a rari momenti nel rito latino[23] ma, con piccole varianti, molto utilizzato in quelli orientali. Parlando della prostrazione nel rito latino, il cardinal Ratzinger ricordava:

> Il venerdì santo, giorno della crocifissione, essa è espressione adeguata del nostro sconvolgimento per il fatto di essere, con i nostri peccati, corresponsabili della morte in croce di Cristo. Ci gettiamo a terra e prendiamo parte alla sua angoscia, alla sua discesa nell'abisso del bisogno. Ci gettiamo a terra e riconosciamo così dove siamo e chi siamo: caduti, che solo Lui può sollevare. Ci gettiamo a terra come Gesù davanti al mistero della presenza potente di Dio, sapendo che la croce è il vero roveto ardente, il luogo della fiamma dell'amore di Dio, che brucia, ma non distrugge.[24]

Più correttamente è alla prostrazione che possono essere associati due inchini propri del rito bizantino: la piccola *metànoia*, un inchino del busto molto pronunciato e la grande *metànoia*, in cui ci si piega fino a toccare il pavimento con le dita.[25]

Un gesto che non ha invece avuto mai[26] una sistemazione specifica nella liturgia cristiana è il sedersi e lo stare seduti:[27]si può dire che l'esigenza pratica per il clero celebrante di doversi sedere durante i riti abbia più che altro stimolato a posteriori parallelismi nelle descrizioni della liturgia celeste. Nella Chiesa antica non ci si sedeva affatto,[28] panche e sedili nel medioevo erano ad uso dei soli cori monastici e si diffusero per i fedeli a partire dal

[22] Cfr. MARTINELLI, *Le forme del Sacro*, 78.
[23] Per rito latino si intende la famiglia liturgica occidentale composta da rito romano e ambrosiano.
[24] RATZINGER, *Introduzione allo spirito della liturgia*, 184.
[25] Cfr. G. BUNGE, *Vasi di argilla. La prassi della preghiera personale secondo la tradizione dei santi padri*, Magnano: Qiqajon, 1996, 186.
[26] Sebbene sia nominata nella storia liturgica la consuetudine di sedersi in certi momenti, essa non ha mai assunto un significato liturgico specifico.
[27] Cfr. RATZINGER, *Introduzione allo spirito della liturgia*, 193.
[28] Cfr. MARTINELLI, *Le forme del Sacro*, 79.

protestantesimo, lì dove la liturgia si era ridotta all'ascolto di interminabili sermoni: alcuni autori affermano che con il banco della Chiesa abbia inizio la modernità della liturgia.[29] In molte Chiese di rito orientale in genere le panche e le sedie sono tuttora usate molto raramente o affatto.

1.3. Il movimento nella liturgia

Nella comune percezione dei fedeli la liturgia potrebbe apparire come una sorta di coreografia del sacro, un insieme codificato di gesti e movimenti che cercano di esprimere l'invisibile. La realtà non è distante da questa possibile percezione, è semplicemente qualcosa di ancora più profondo visto che tramite la liturgia si entra in comunione fisica con il Dio invisibile. Ciò che rende diversa una celebrazione liturgica da un semplice momento di preghiera è qualcosa che si può esprimere proprio con l'atteggiamento del corpo: «la liturgia è eminentemente corporale, si nutre di gesti, posture, movimenti, azioni sul corpo».[30] Il Guardini diceva che ogni parte del corpo è un espressivo strumento dell'anima: l'anima non vive come un uomo nella propria casa, essa vive e opera in ogni membro, in ogni fibra e si rivela nel corpo e in ogni movimento.[31]

> La celebrazione liturgica, che è *simbolo* e *rito*, si configura come una rete complessa di codici non verbali. [...] Il codice *cinesico*, concerne i movimenti del corpo [...]. Non si tratta, infatti, del semplice *stare* in piedi, seduti o inginocchiati, ma dell'*atto* di alzarsi, di sedersi, di inchinarsi o di inginocchiarsi. [...] significa cogliere-percepire diversamente il proprio rapporto con la realtà circostante e con Dio stesso.[32]

---

[29] *Ibidem*.
[30] PRÉTOT, *La liturgia, un'esperienza corporale*, 968.
[31] Cfr. S. HAHN, *Sign of life. 40 catholic customs and their biblical roots*, New York: Doubleday, 2009, 82.
[32] BONACCORSO, *Celebrare la salvezza*, 220-1.

Nella fattispecie del nostro studio si dovrebbe comprendere non solo ciò che simboleggia per l'uomo lo stare in ginocchio ma anche il significato che sta dietro al movimento che ci porta dalla posizione in piedi a quella genuflessa e al rialzarsi di nuovo alla posizione eretta.

Nel linguaggio prossemico[33] dell'inginocchiarsi c'è il significato del passaggio dalla condizione stabile e consueta per l'uomo di ogni giorno, che è in piedi, ad una condizione indifesa e impotente. Ciò può avvenire per due motivi tra loro inestricabili[34] ma che possono incidere con pesi differenti: la consapevolezza del proprio peccato e il riconoscimento della presenza divina.

In questo caso l'uomo inginocchiato è un simbolo a cui possono essere associati due differenti stati: il pentimento oppure l'adorazione. Il rito è tutto quel contesto che esplicita a quale stato principalmente è associato il simbolo, ovvero fa capire se l'uomo inginocchiato è principalmente nella supplica o in adorazione. Lo stesso gesto dello stare in piedi assume davvero il suo significato di richiamo alla vittoria della risurrezione solo se non è il gesto naturale dell'*Homo erectus* fine a se stesso, ma un levarsi in piedi perché qualcosa accade.[35] Ad esempio l'essere in piedi nella celebrazione liturgica, non avendo un valore assoluto e oggettivo,[36] non può trarre il suo significato dall'evitare di inginocchiarsi ma addirittura lo deve presupporre: chi è seduto alzandosi al limite si ridesta ma solo chi è in ginocchio può rialzarsi come risorto.

---

[33] La *prossemica* è la disciplina che studia gli spazi, in seno alla *semiologia*, la scienza che studia il significato dei segni e simboli.
[34] Cfr. RATZINGER, *Introduzione allo spirito della liturgia*, 186.
[35] Cfr. MARTINELLI, *Le forme del Sacro*, 141.
[36] Non si può certo dire che tutti coloro che si trovino in piedi stiano celebrando la risurrezione.

CAPITOLO SECONDO

2. PRASSI BIBLICA DELLA PREGHIERA IN GINOCCHIO

2.1. Antico Testamento

È indubbio il legame profondo che si è sempre sentito tra il gesto e la preghiera nella religiosità biblica ed in un mondo fatto di praticità e corporalità, posture, movimenti e azioni parlavano più chiaramente dello scarno linguaggio semitico. Nell'Antico Testamento l'inginocchiarsi è un gesto di lode e di benedizione e si esprime con il verbo *barak:*[37] le ginocchia per gli ebrei sono sempre state un simbolo di forza e nel gesto dell'inginocchiarsi sta il significato di riconoscere in Dio la propria forza e a Lui riconsegnarla.[38]

L'inginocchiarsi è un atto radicato nella cultura ebraico-cristiana;[39]come è evidente dalla lettura delle Sacre Scritture comunemente ci si inginocchiava e si facevano prostrazioni durante la preghiera. Un episodio molto significativo è quello in cui tutto il popolo d'Israele, riceve il comando sul memoriale perenne del sacrificio della Pasqua per il Signore: «E' il sacrificio della pasqua per il Signore, il quale è passato oltre le case degli Israeliti in Egitto, quando colpì l'Egitto e salvò le nostre case. Il popolo si inginocchiò e si prostrò» (Es 12, 27) e nel secondo libro delle Cronache: «Giosafat si inginocchiò [...] e gli abitanti di Gerusalemme si prostrarono davanti a Signore» (2 Cr 20, 18).

Anche le prostrazioni complete sono menzionate: i profeti Mosè ed Aronne pregarono Dio, dopo essersi prostrati «con la faccia a terra» (Num 16, 22), di essere misericordioso verso i figli d'Israele che avevano peccato gravemente. Su di un episodio riguardante Giosuè e la conquista della terra promessa, riportiamo questa riflessione significativa:

---

[37] Stessa radice del termine *benedizione* e da esso deriva il participio passato *lodato*. Cfr. J. SCHARBERT, v. *brk*, in *Grande Lessico dell'Antico Testamento* vol. 1, Ed. Botterweck-Ringgren, Brescia: Paideia,1988, 1650.
[38] Cfr. RATZINGER, *Introduzione allo spirito della liturgia*, 187.
[39] Cfr. MARTINELLI, *Le forme del Sacro*, 76.

La teofania a Giosuè prima della conquista di Gerico, che dallo scrittore biblico è posta in stretto parallelo con la teofania a Mosè presso il roveto ardente. Giosuè vede "il capo dell'esercito del Signore" e, dopo aver riconosciuto la sua identità, si getta a terra davanti a lui. In quel momento ode le parole che, in precedenza, erano già state rivolte a Mosè: "Togli i calzari dai piedi, perché il luogo sul quale tu stai è santo" (Gs 5,14s). Nella figura misteriosa del "capo dell'esercito del Signore" il Dio nascosto parla a Giosuè e davanti a Lui questi si getta a terra. È bella l'interpretazione di questo testo data da Origene: "C'è un altro capo delle potenze del Signore oltre al nostro Signore Gesù Cristo?". Giosuè adora dunque Colui che doveva venire, il Cristo veniente.[40]

Il re Davide riferisce del gesto di prostrarsi a Dio o nel suo tempio santo, in molti salmi, ad esempio: «prostratevi al Signore nel suo atrio santo» (Sal 28, 2), «Mi prostro verso il tuo tempio santo, nel tuo timore» (Sal 5, 8), «Entrate: prostrati adoriamo, in ginocchio davanti al Signore che ci ha fatti» (Sal 94, 6), «Entriamo nella sua dimora, prostriamoci allo sgabello dei suoi piedi (nel luogo in cui i suoi piedi si sono posati)» (Sal 131, 7). È noto come il santo profeta Daniele, tre volte al giorno «si inginocchiava, pregava e rendeva grazie al suo Dio» (Dn 6, 10). Nei testi profetici è Dio stesso che parla del piegare le ginocchia come segno del riconoscimento universale della sua signoria sull'umanità[41]: «Lo giuro su me stesso, dalla mia bocca esce la verità, una parola irrevocabile: davanti a me si piegherà ogni ginocchio, per me giurerà ogni lingua» (Is 45, 23). In un certo senso vedremo che questo passo del profeta Isaia diventa un legame tra la profezia dell'antica Alleanza e la sua realizzazione nella nuova.

[40] RATZINGER, *Introduzione allo spirito della liturgia*, 182.
[41] Cfr. BUNGE, *Vasi di argilla,*178.

2.2. Nuovo Testamento

Nel Nuovo Testamento la prassi della preghiera in ginocchio viene descritta con vari termini non sempre facilmente distinguibili[42]: dal più generico prostrarsi (*proskynein*) ai più specifici cadere sui ginocchi (*gonypetein*) e piegare il ginocchio (*proskypetein*). Il termine *proskynein* compare ben 59 volte nei libri della nuova Alleanza di cui 24 nel solo libro dell'Apocalisse, che la Chiesa da sempre considera modello e criterio per la sua liturgia,[43] la quale a sua volta ne diviene anche chiave di lettura:[44] «i gesti di adorazione della corte celeste all'Agnello immolato sono un cadere, un prostrarsi, un deporre la propria corona».[45] Per i primi cristiani, come per gli ebrei dell'antica Alleanza, l'adorazione era ad imitazione di quella che facevano gli angeli[46] e nell'Apocalisse viene rivelato un culto condiviso dagli uomini e dalle creature angeliche.[47] Le scene che si dipanano di fronte agli occhi dell'apostolo Giovanni parlano di esseri che compaiono di fronte al trono dell'Agnello sia seduti (Ap 4, 4) che in piedi (Ap 5, 6; 7, 9) e che subito dopo si prostrano per adorarlo (Ap 4, 9; 5, 8; 7, 11). In tutti questi versetti è esplicitamente indicato l'inginocchiarsi e il prostrarsi come gesto di adorazione.

Nella traduzione CEI sia del 1974 che del 2008, al versetto undicesimo del settimo capitolo dell'Apocalisse, si legge che gli angeli con tutti i salvati giunti davanti al trono dell'Agnello dalla posizione in piedi "si inchinarono profondamente" per adorare. Il verbo greco che lì si incontra è diverso dai più comuni sopra nominati per descrivere la prostrazione completa della corte celeste: ἔπεσαν (*epesan*) da πίπτω (*pipto*), che infatti non traduce principalmente prostrazione ma indica il cadere o il gettarsi a terra. Nella

---

42 Cfr. RATZINGER, *Introduzione allo spirito della liturgia*, 182.
43 Cfr. *Ibidem*.
44 Cfr. S. HAHN, *La cena dell'Agnello. La Messa come paradiso sulla terra*, Siena: Cantagalli, 2011, 69.
45 NARDI, *Genuflessione o inchino,* 67.
46 Cfr. HAHN, *La cena dell'Agnello*, 125.
47 *Ivi*, 72.

traduzione di riferimento per tutta la Chiesa cattolica, in latino nella Nova Vulgata, il verbo è per l'appunto *ceciderunt* da *cădo*, cadere a terra.[48] Nelle traduzioni delle altre principali lingue moderne infatti il termine viene tradotto con "prostrarono" o "caderono" e mai con "inchinarono".[49] I traduttori della versione italiana hanno evidentemente tenuto ad evidenziare soprattutto la differenza del termine *épesan*[50] con i termini appena precedenti che indicano normalmente la prostrazione, più che a descrivere il gesto liturgico sotteso; nella nostra analisi invece possiamo approfondire proprio quest'aspetto e quindi possiamo dire che nella rappresentazione plastica dell'adorazione all'Agnello immolato sopra l'altare, così come è descritto nel testo biblico, la moltitudine dei salvati insieme con gli angeli si mette più propriamente in ginocchio, visto che questo è l'unico altro gesto oltre alla prostrazione in cui il fedele si getta a terra in adorazione.

Si potrebbe anche dedurre che se la prostrazione completa è gesto tipico dell' adorazione dei vegliardi (*presbutérous*, Ap 4, 4), quello tipico degli uomini (*laôn*[51], Ap 7, 9) e degli angeli è proprio lo stare in ginocchio. Nella liturgia celeste si ha il compimento della profezia sul culto cosmico al Cristo:

> L'inno cristologico della lettera ai Filippesi[52] presenta la liturgia del cosmo come un inginocchiarsi di fronte al nome di Gesù e vede in ciò adempiuta la profezia isaiana sulla signoria sul mondo del Dio d'Israele. Piegando il ginocchio nel nome di Gesù, la Chiesa compie la verità.[53]

Dopo le testimonianze dei profeti e dei re, abbiamo nel Nuovo Testamento una continuità testimoniata dalla prassi dello stesso Gesù. Particolarmente

---

[48] Cfr. *Nuovo Testamento, greco-latino-italiano*, a c. di P. BERETTA, Torino: San Paolo, 2003, 2028-9; *G. Liddell*, Dizionario illustrato greco-italiano, Firenze: LeMonnier, 1987; *Nuovo Campanini Carboni. Vocabolario latino-italiano*, Torino: Paravia, 2000.

[49] Nelle versioni ufficiali inglesi è sempre usato "*fell*" (caderono), in quelle francesi sempre "*prosternèrent*" (prostrarono), in quelle tedesche "*fielen...nieder*" (caderono).

[50] Nella traduzione interlineare sopra citata, il termine *epesan* è tradotto comunque in *si prostrarono.*

[51] *Popoli*, da cui deriva il termine *laico*.

[52] «Perché nel nome di Gesù *ogni ginocchio si pieghi* nei cieli, sulla terra e sotto terra» (Fil 2, 10).

[53] J. RATZINGER, *la festa della fede. Saggi di teologia liturgica*, Milano: Jaca Book, 2005, 70.

importante infatti è divenuta per la riflessione dei padri della Chiesa la preghiera del Signore al monte degli Ulivi. Secondo Matteo (26, 39) e Marco (14, 35) Gesù si prostra a terra, e per Matteo cade a terra; Luca, in tutta la sua opera, Vangelo e Atti degli Apostoli, è in maniera particolare il teologo della preghiera in ginocchio.[54] Osserviamo infatti come Luca vuole che l'inginocchiarsi del protomartire Stefano (At 7, 60) sia inteso come un entrare nella preghiera di Gesù (Lc 22, 41): l'inginocchiarsi non è solo un gesto cristiano usato dai cristiani ma è un gesto cristologico.[55]

Gesù, dopo la moltiplicazione dei pani, sosta sulla montagna in colloquio con il Padre, mentre i discepoli lottano invano sul mare con il vento e le onde. Gesù va verso di loro sulle acque; Pietro gli si affretta incontro, ma impaurito, sprofonda nelle acque e viene salvato dal Signore. Gesù, allora, sale sulla barca e il vento si placa. I discepoli sulla barca «gli si prostrarono davanti» e dissero: «veramente tu sei il Figlio di Dio!» (Mt 14, 33). Precedenti traduzioni[56] riportavano il fatto che i discepoli «adorarono Gesù sulla barca». Ambedue le traduzioni sono giuste, ambedue mettono in rilievo un aspetto di ciò che accade: quelle recenti l'espressione corporale, quelle più antiche l'avvenimento interiore. Difatti, «dalla struttura del racconto si desume con estrema chiarezza che il gesto di riconoscimento di Gesù come Figlio di Dio è adorazione».[57]

Un episodio simile, sempre ambientato sulla barca degli apostoli, antico simbolo della Chiesa anche come edificio, ci mostra come siano addirittura conseguenti il riconoscimento della divinità e della propria inadeguatezza:

> Al veder questo, Simon Pietro si gettò alle ginocchia di Gesù, dicendo: "Signore, allontanati da me che sono un peccatore". Grande stupore infatti aveva preso lui e tutti quelli che erano insieme con lui per la pesca che avevano fatto (Lc 5, 8-9).

---

[54] Cfr. RATZINGER, *Introduzione allo spirito della liturgia*, 183.
[55] *Ivi*, 188.
[56] *Ivi*, 185.
[57] *Ibidem.*

CAPITOLO TERZO

3. PRASSI NEL CRISTIANESIMO NEI PRIMI SECOLI

3.1. Periodo patristico

Nel periodo successivo a quello apostolico, i padri della Chiesa continuarono a vivere anche nella prassi liturgica ciò che avevano appreso dall'uomo biblico secondo «una norma evidente e naturale»:[58]

> Mettendosi in ginocchio per pregare, [l'apostolo] Paolo[59] si conforma dunque ad un uso che doveva essere caro alla pietà ebraica e che i primi cristiani, spontaneamente, hanno continuato ad osservare. [60]

Gli *orantes*, le famose e antiche raffigurazioni dei cristiani in preghiera sulle pareti delle tombe paleocristiane, sono sempre raffigurati in piedi con le mani stese verso l'alto. Per questo alcuni moderni archeologi hanno teorizzato che queste rappresentazioni pittoriche fossero l'evidenza di come pregassero esclusivamente i primi cristiani. Il Leclercq, famoso storico e archeologo del secolo scorso, però asserisce come queste rappresentazioni siano solo parte di un linguaggio simbolico, come era consueto fare nell'arte classica pagana: la gestualità degli *orantes* sarebbe giusto un simbolo della preghiera e non una realistica descrizione del gesto. Le testimonianze testuali classiche altrimenti discorderebbero perché in esse il supplice era sempre descritto inginocchiato.[61]

Tramite gli scritti di antichi storici come Eusebio di Cesarea che riprende le cronache di Egesippo, si conosce anche la pietà dell'apostolo Giacomo, capo

[58] BUNGE, *Vasi di argilla*, 178.

[59] «Per questo, dico, io piego le ginocchia davanti al Padre» (Ef 3, 14).

[60] J. DUPONT, *Il testamento spirituale di san Paolo*, Roma: Paoline, 1967, 433-434. Cit. in: S. CIPRIANI, *La preghiera nel nuovo testamento*, Milano: O.R., 1989, 287.

[61] Ad esempio: *genu in limine posito* (Petronio); *adstitutus in genua* (Curzio); *muta metu terram genibus summissa petebat* (Lucrezio). Cfr. H. LECLERCQ, *Manuel d'archeologie chretienne*, vol I, Letouzey et Anè, Paris 1907, 153. Cit. in: AMATA, *'Coram Domino'*, 865-6.

della chiesa di Gerusalemme, che era descritto come avente sulle ginocchia una pelle ormai simile a quella dei cammelli a causa del fatto che era sempre in ginocchio adorando Dio e implorando perdono per il suo popolo.[62] Dai numerosi racconti sulle gesta e visioni dei padri del deserto, attivi soprattutto nel II e III secolo, si può far riferimento a questo significativo episodio ripreso e commentato dal Ratzinger:

> [Un] racconto tratto dalle sentenze dei Padri del deserto, secondo cui il diavolo fu costretto da Dio a mostrarsi a un certo abate Apollo, e il suo aspetto era nero, orribile a vedersi, con delle membra spaventosamente magre e, soprattutto, non aveva le ginocchia. L'incapacità a inginocchiarsi appare addirittura come l'essenza stessa del diabolico.[63]

Negli scritti degli altri padri della Chiesa troviamo indicazioni su alcune pratiche liturgiche delle origini, ad esempio in Origene, la posizione genuflessa è una «necessaria» espressione di preghiera[64] e Arnobio nel suo *adversus Nationes* dichiara che: «l'universo intero vivente dovrebbe mettersi in ginocchio davanti a Te»;[65] sant'Ambrogio di Milano affermava che: «il ginocchio è flessibile: piegandolo, più che con qualsiasi altro atto si placa l'offesa recata al Signore, se ne mitiga l'ira, se ne ottiene la grazia».[66] Della pratica consueta del pregare in ginocchio per i cristiani dei primi secoli se ne ha il chiaro riferimento in un racconto personale di sant'Agostino: «Poi andammo a pregare e lì, mentre al solito piegavamo i ginocchi e ci prostravamo a terra [...] si erano tutti inginocchiati nella preghiera per lui».[67] Infine san Cirillo di Gerusalemme ci mostra come non solo la preghiera di supplica ma anche quella di adorazione era accompagnata dal piegare le ginocchia:

---

[62] Cfr. RATZINGER, *Introduzione allo spirito della liturgia,* 189.
[63] *Ivi*, 190.
[64] Cfr. ORIGENE, *La preghiera*, Roma: Città Nuova, 1997, 180 (Collana di testi patristici, 138).
[65] Cit. in: AMATA, *Coram Domino*, 869.
[66] AMBROGIO, *Esamerone*, Roma: Città Nuova, 2002, 301 (Collana di testi patristici, 164).
[67] AGOSTINO, *La città di Dio*, vol. 3, Roma: Città Nuova, 1991, 329.

> Ora piega devotamente le ginocchia davanti a lui, autore di tutte le cose, sia materiali che spirituali, sia visibili che invisibili, e innalza a Dio il tuo inno con lingua grata e benedicente, con le labbra e con il cuore mai stanchi.[68]

Lo pseudo-Dionigi Aeropagita, nel suo *La gerarchia ecclesiastica* descrive inoltre i riti usati per conferire l'ordine sacro: il vescovo alla sua consacrazione piegava entrambe le ginocchia mentre il diacono un solo ginocchio, indicando simbolicamente il fatto di assoggettare completamente la volontà a Dio e offrire tutta la pienezza delle forze spirituali.[69] Il dettaglio gestuale che fa piegare entrambe le ginocchia proprio al vescovo indica come proprio così si esprimesse un grado di maggiore dignità e comunione con Dio.

Alcuni autori moderni cominciarono però a sostenere che la preghiera in ginocchio nei primi secoli dell'era cristiana fosse stata addirittura bandita![70] Le riflessioni che hanno suscitato queste posizioni teoretiche sono legate agli scritti di alcuni antichi autori[71] e a quel che fu deliberato nel 325, nel XX canone del Concilio di Nicea:

> Dal momento che ci sono alcune persone che si inginocchiano in chiesa la domenica e nei giorni della Pentecoste, con l'obiettivo di preservare l'uniformità in tutte le parrocchie, è sembrato migliore al santo Concilio che le preghiere siano offerte a Dio stando in piedi.[72]

La prassi dell'evitare di piegare le ginocchia durante le feste pasquali viene descritta da Tertulliano nel III secolo come apostolica[73] anche se la motivazione sembra essere diversa da un autore all'altro.[74]

---

[68] CIRILLO DI GERUSALEMME, *Le catechesi*, Roma: Città Nuova, 1993, 179 (Collana di testi patristici, 103).
[69] Cfr. AMATA, *Coram Domino*, 868.
[70] Cfr. FRANCO, *Catechesi dei gesti liturgici*, 37.
[71] In particolare lo Pseudo-Giustino e Tertulliano che fanno riferimento a loro volta allo scritto, non conservato, *Sulla Pasqua* di sant'Ireneo di Lione (II sec.). Cfr. BUNGE, *Vasi di argilla*, 180.
[72] CONCILIORUM OECUMENICORUM DECRETA, Bologna: Editit, 1972, 16.
[73] Cfr. BUNGE, *Vasi di argilla*, 178.
[74] *Ibidem*.

Già dalla lettura del canone di Nicea si capisce che la preghiera in ginocchio fosse praticata normalmente durante tutto l'anno e che non ci si trova di fronte ad una proibizione dottrinale assoluta ma ad una norma comportamentale relativa al contesto storico. Lo stesso sant'Agostino interrogato in proposito, già appena nel V secolo, dichiarerà di non sapere se questa consuetudine fosse universale o soltanto orientale.[75] La riflessione patristica più chiara su questa tipica prassi delle chiese orientali è quella di san Basilio, nel IV secolo:

> Ci alziamo in preghiera il primo giorno della settimana, anche se non tutti ne conosciamo la ragione. Non solo ci serve a ricordarci che, una volta risorti dai morti insieme con Cristo, dobbiamo cercare le cose dall'alto, nel giorno della resurrezione di grazia che ci è dato, stando in piedi in preghiera, ma questo sembra anche servire in un certo modo come prefigurazione dell'era prevista [...] Le leggi della Chiesa ci hanno insegnato a preferire la postura eretta in preghiera, trasportando così la nostra mente, per così dire, come risultato di suggerimenti vividi e chiari, dal tempo presente alle cose a venire in futuro. E durante ogni momento in cui *ci inginocchiamo e ci rialziamo di nuovo in piedi* mostriamo di fatto con le nostre azioni che è stato a causa del peccato che siamo caduti a terra, e che attraverso la bontà di Colui che ci ha creati siamo richiamati al cielo (san Basilio magno, *commenti al Canone XCI*).

Dalla riflessione sopra riportata, che è anche di riferimento per la prassi della chiesa ortodossa attuale,[76] ricaviamo che il gesto dell'inginocchiarsi non solo non era bandito o evitato nei primi secoli ma era addirittura visto come la condizione necessaria affinché il movimento stesso del rialzarsi rendesse il senso della risurrezione.

In nessun autore della letteratura cristiana antica è mai stato messo in discussione il valore della genuflessione né della prostrazione, la questione è

---

[75] Cfr. AGOSTINO, epistola 119, *ad Januarius*. Cit. in: AMATA, *'Coram Domino'*, 866.
[76] Cfr. *Why Are Prayers Said In Church Without Kneeling On All Sundays and From Pascha Until Pentecost:* "Orthodox Life" 27, 3 (1977) 50.

stata nel caso limitata all'opportunità di estendere una postura, così comune e spontaneamente utilizzata da tutti i fedeli, anche a quei giorni dell'anno in cui si faceva uno speciale memoriale della risurrezione di Cristo. Per i cristiani dei primi secoli pregare in ginocchio era così abituale[77] che ricordarsi di dover rimanere eretti durante la preghiera liturgica in certe speciali feste doveva rappresentare un messaggio di straordinarietà:[78] per chi viveva la preghiera in un'abituale prostrazione,[79] rimanere in piedi in un giorno speciale era come risuscitare!

3.2. Il sostrato ellenistico

La prassi dell'inginocchiarsi nella preghiera e nella liturgia cristiana è stata soggetta a varie interpretazioni e dibattiti sin dai primi secoli ed ha segnato una delle differenze tra la sensibilità latina-occidentale e quella greca-orientale. Nel mondo pagano, in special modo quello di cultura greca, la posizione in ginocchio era vissuta come una forma di umiliazione e sottomissione che leniva la dignità della persona; sia greci che romani rifiutavano di inginocchiarsi perché lo ritenevano un gesto non adatto agli uomini liberi, neanche se di fronte ai loro dèi, riconosciuti come potenti ma anche malvagi e volubili. Addirittura alcuni autori classici definiscono l'inginocchiarsi come una forma di superstizione e un atteggiamento barbaro, estraneo. Sant'Agostino arguisce che tutto ciò era ben giustificato dal fatto che di fronte ai falsi dèi dell'olimpo, che non erano altro se non maschere di dèmoni, era ben giusta l'intuizione di evitare ogni forma corporale di sottomissione; solo l'arrivo del Cristo avrebbe potuto liberarci da queste forze e solo di fronte all'umiltà e all'amore di Cristo, l'uomo

[77] Cfr. BUNGE, *Vasi di argilla,* 178.
[78] *Ibidem.*
[79] Tutt'oggi i fedeli ortodossi si prostrano costantemente durante la Divina Liturgia: alla vista del sacerdote con il calice e la patena ed in molti altri momenti.

libero avrebbe potuto inginocchiarsi.[80] A conferma di ciò potrebbe esserci il fatto che nel greco classico l'espressione *theis ta gonata*, usata dall'evangelista Luca per indicare l'inginocchiarsi, è addirittura inesistente.[81] È infatti un termine tipicamente cristiano che mostra come la prassi della preghiera in ginocchio non sia una semplice inculturazione[82] ma una trasformazione della cultura da parte della stessa Rivelazione, una cultura cristiana che trasforma la realtà circostante:[83] il cristianesimo cominciava a proporre una vera e propria saggezza cristiana del corpo.[84] Il movimento cristiano, appena cominciata la sua diffusione nel mondo ellenistico, dovette costruire un «nuovo universo simbolico»[85] per svincolarsi dalle accuse di *superstitio* da parte dei pagani e affrancarsi dal giudaismo.[86] Ed è in questo tentativo umano di inculturarsi che entra in questione il giudaico "piegare il ginocchio".

I primi teologi cristiani, gli apologisti greci, erano i rappresentanti della cultura classica greca che stava accogliendo lentamente la fede biblica nella sua interezza dopo aver accolto l'annuncio cristiano. Il loro sostrato culturale li portava a vedere in questo nuovo gesto della preghiera in ginocchio quasi esclusivamente la necessaria umiliazione e supplica del fedele[87] anche perché la stessa neonata teologia cristiana non aveva ancora portato a piena maturazione la prassi dell'adorazione, legata ad un concetto comunque già presente nella religiosità giudaica.

---

[80] Cfr. RATZINGER, *Introduzione allo spirito della liturgia,* 181.
[81] *Ivi*, 190.
[82] Cfr. L. PADOVESE, *Introduzione alla teologia patristica*, Casale Monferrato: Piemme, 1992, 186.
[83] Cfr. RATZINGER, *Introduzione allo spirito della liturgia*, 182.
[84] Cfr. PRÉTOT, *La liturgia, un'esperienza corporale,* 971.
[85] PADOVESE, *Introduzione alla teologia patristica*, 187.
[86] *Ibidem.*
[87] Cfr. BUNGE, *Vasi di argilla*, 180.

CAPITOLO QUARTO

4. PRASSI NELLA CHIESA CATTOLICA LATINA E SITUAZIONE ATTUALE

4.1. Dal medioevo alla modernità

Nella tradizione cattolica di rito latino il gesto della genuflessione è molto antico e ricco di significati: si può dire anche che sia per essa un elemento proprio e caratterizzante.[88] Sicuramente nella mentalità occidentale latina vengono a convergere anche le sensibilità degli altri popoli europei e la codifica finale di certi gesti e posture nella liturgia rimanda alle particolari esigenze di un certo tipo di mentalità: nel mondo classico romano, caratterizzato da un profondo senso del diritto e dell'essenzialità, si tenderà a rendere il gesto della prostrazione più chiaro e semplice, legandolo all'altro elemento biblico significante che è il piegare il ginocchio. Il risultato finale è una liturgia che pur mantenendo un certo ordine e rigore non rinuncia affatto al movimento evidente del corpo, una sorta di "danza" costituita dal passare dalla posizione in piedi a quella in ginocchio e viceversa.

Spesso si è portati a pensare che la liturgia latina sia stata sempre piuttosto statica, e forse questa sensazione è giustificata da un ammissibile ed inevitabile irrigidimento in alcuni periodi storici, ma se ad esempio scorriamo i testi della spiritualità medievale possiamo ritrovare elementi che ci mostrano una preghiera straordinariamente dinamica e viva.[89] Nel famoso manuale sui modi di pregare di san Domenico da Guzman vengono elencati e descritti nove gesti della

---

[88] Lo stare in ginocchio durante i giorni feriali da parte degli stessi sacerdoti che circondano l'altare è attestato sin dalla fine del VIII secolo. Cfr. J. JUNGMANN, *Missarium solemnia. Origini, liturgia, storia e teologia della Messa romana*, vol. 1, Milano: Ancora, 2004, 202.
[89] Cfr. BUNGE, *Vasi di argilla*, 182.

preghiera, tra cui appunto la preghiera in ginocchio che è descritta all'interno di un movimento fatto di ripetute genuflessioni.[90]

La situazione geografica in cui si trovava la Chiesa latina era sicuramente complessa, data l'estensione che aveva in tutta l'Europa e considerata anche la vitalità di popoli così variegati. Se nel periodo patristico non venivano sistematizzate alcune questioni sacramentali per il semplice fatto che non erano ancora sorti motivi per mettere in dubbio ciò che la tradizione della Chiesa insegnava, verso la fine del I millennio sorse la necessità di contrastare anche con la gestualità del rito le nuove eresie e i dubbi sulla presenza di Cristo nel sacramento dell'altare. In questo nuovo periodo storico si incrementò la cura anche gestuale per tutto quel che riguardava l'adorazione del corpo e sangue di Cristo, di pari passo aumentò anche la consapevolezza su ciò che si stava celebrando e sui mezzi più adatti per farlo: se per i primi teologi cristiani il pregare in ginocchio era essenzialmente una supplica dell'umile e del penitente, ora si comprendeva sempre meglio che era anche il modo per eccellenza per riconoscere l'epifania della divinità nella celebrazione eucaristica e nelle sue specie consacrate.

Si può far partire una nuova era nella prassi liturgica occidentale dall'epoca delle dispute teologiche che si accesero per difendere la presenza reale e sostanziale del corpo di Cristo sull'altare della consacrazione, iniziate nel XI secolo in seguito alle affermazioni di Berengario,[91] le quali stimolarono più profondamente la consapevolezza sul mistero del sacrificio eucaristico. I traguardi dottrinali confluirono nelle costituzioni del Concilio Lateranense IV,[92] nel 1215. Il famoso storico della liturgia, il padre gesuita Jungmann, nel suo famoso trattato enciclopedico sulla storia della liturgia cristiana *Missarium*

---

[90] Cfr. P. DYCKHOFF, *Pregare con il corpo. Alla scuola di san Domenico*, Milano: Ancora, 2005.

[91] Berengario di Tours († 1080), mise in dubbio la trasformazione del pane e del vino in carne e sangue di Cristo, affermando che la trasformazione eucaristica era un fatto solo simbolico.

[92] «Lo stesso Gesù Cristo è sacerdote e vittima, il suo corpo e il suo sangue sono contenuti realmente nel sacramento dell'altare, sotto le specie del pane e del vino, transustanziati il pane nel corpo, il vino nel sangue per divino potere; cosicché per adempiere il mistero dell'unità, noi riceviamo da lui ciò che egli ha ricevuto da noi». CONCILIORUM OECUMENICORUM DECRETA, 230.

Solemnia, parlando della prassi dell'inginocchiarsi nel periodo a cavallo del I e II millennio, afferma che:

> Era naturale che si esigesse sino da principio che all'elevazione si adorasse il santissimo Sacramento, tanto più, poi, in quanto l'eresia ne contestava la reale presenza. Clero e fedeli dovevano inginocchiarsi, secondo le esortazioni dei primi regolamenti e dei primi sinodi che si occuparono delle nuove consuetudini che si andavano formando nei riguardi della Consacrazione.[93]

E aggiunge:

> Mutando il concetto che si ha del canone varia anche il tempo durante il quale si rimane in ginocchio, nel XIII secolo, nel cerimoniale di Gregorio X si tende a prolungare la *prostrazio* o il rimanere in ginocchio per tutto il tempo durante il quale il Santo Sacramento rimane sull'altare.[94]

Nel XIII secolo in alcune cattedrali francesi, accanto alla genuflessione i canonici si attennero ancora per molto tempo anche all'antico inchino durante i tempi pasquali.[95] Il vescovo Guglielmo Durando (†1296) chiarisce questo costume ricordando che secondo la prassi antica non ci si inginocchia nelle feste e da Pasqua a Pentecoste «eccetto che dinanzi al santissimo Sacramento».[96]

Quest'ultima passaggio è di fondamentale importanza per capire il senso profondo, che si era conservato sin nel cuore del medioevo, dell'antica consuetudine patristica riguardante il gesto dell'inginocchiarsi e dell'inchinarsi: la supplica e la penitenza nei giorni che ricordavano la risurrezione del Signore dovevano essere vissute in modo corporalmente diverso, ovvero stando in piedi

[93] JUNGMANN, *Missarium solemnia,* vol. 2, 162
[94] *Ivi,* vol. 1, 202.
[95] *Ivi,* vol. 2, 163.
[96] *Ibidem.*

e inchinandosi,[97] ma era già chiaro come di fronte a Dio che si mostrava nell'Eucaristia ogni ginocchio doveva piegarsi, qualsiasi fosse la festività celebrata. Il Cristo presente in corpo, sangue, anima e divinità è da sempre la solenne eccezione per ogni regola liturgica, perché la realtà sostanziale è oltre ogni segno e ogni simbolo. Già allora si capiva che non c'era contraddizione tra i momenti in cui pregare in piedi e quelli in cui adorare in ginocchio, durante lo svolgimento della stessa liturgia.

Nel corso dei secoli è stato sempre meglio regolamentato il gesto del piegare il ginocchio: la genuflessione del celebrante si comincia ad applicare dal XIV secolo e definitivamente solo dopo il Messale di san Pio V nel 1570,[98] ma già nel XIII secolo nelle prediche si invitavano i sacerdoti ed i fedeli ad inginocchiarsi di fronte al sacramento come al tempo si era soliti farlo di fronte ai sovrani.[99] In genere per molti secoli le principali mormorazioni verso lo scomodo gesto dello stare in ginocchio venivano proprio dalle classi più elevate, anche soltanto per il rischio di insudiciare i vestiti e per la scomodità delle scarpe in uso durante tutto il medioevo.[100] Si ritiene che l'uso di stare in ginocchio ricevette uno straordinario impulso quando nel XVI secolo il frate francescano Titelmans cominciò a presentare la genuflessione nella Messa come quello dell'adorazione dei pastori al figlio di Dio.[101] Probabilmente da figlio di san Francesco fece proprie le esortazioni del santo di Assisi che nella sua prima *Ammonizione* diceva appunto:

> Ecco, ogni giorno Egli si umilia, come quando dalla sede regale discese nel grembo della Vergine; ogni giorno Egli stesso viene a noi in apparenza umile; ogni giorno discende dal seno del Padre sull'altare nelle mani del sacerdote. E come ai santi apostoli si mostrò nella vera carne, cosi anche ora si mostra a noi nel pane consacrato. E come essi con la vista del loro corpo

[97] Tuttora nel rito romano le litanie dei santi e la preghiera universale possono essere recitate in ginocchio nei giorni feriali e penitenziali, ma nel periodo pasquale e nelle domeniche vengono recitate in piedi.
[98] Cfr. JUNGMANN, *Missarium solemnia,* vol. 2, 164.
[99] *Ibidem.*
[100] *Ivi,* vol. 1, 203
[101] *Ivi*, vol. 1, 202.

vedevano soltanto la carne di Lui, ma, contemplandolo con occhi spirituali, credevano che egli era lo stesso Dio, cosi anche noi, vedendo pane e vino con gli occhi del corpo, dobbiamo vedere e credere fermamente che è il suo santissimo Corpo e Sangue vivo e vero.[102]

E per dare un senso pastorale all'ammonizione, parlando ai custodi del suo ordine dirà esplicitamente:

Quando [il Corpo di Cristo] è sacrificato dal sacerdote sull'altare o viene portato in qualche parte, tutti, in ginocchio, rendano lode, gloria e onore al Signore Iddio vivo e vero.[103]

Arrivando ai nostri giorni, all'epoca moderna successiva alla riforma tridentina e nello stimolo del movimento liturgico ottocentesco, la prassi del rimanere in ginocchio durante la parte sacrificale della Messa si era ormai diffusa in tutto il mondo cattolico e aveva determinato una consapevolezza della dimensione sociale per il culto a Dio nel sacrificio eucaristico. Il giudizio del Prétot sintetizza:

Nella liturgia [la Chiesa] non trova tanto un luogo di relazione con Dio (che è assorbito dalla mistica) quanto la manifestazione dell'adorazione di Dio. Non bisogna dimenticare che l'adorazione si esprime, innanzi tutto, in un gesto corporale: l'inginocchiarsi.[104]

Un'altra riflessione conferma con questi termini:

La genuflessione doppia è direttamente connessa al sacrificio, infatti si esegue per quasi tutta la parte sacrificale della Messa, cioè quella in cui si

---

[102] *Fonti Francescane*, Padova: Editrici francescane, 2010, n. 144.
[103] *Ivi*, n. 243.
[104] PRÉTOT, *La liturgia, un'esperienza corporale,* 975.

rende presente Gesù, [...] la Messa è un grande rito di adorazione[105] del Corpo di Cristo, quindi l'inginocchiarsi essendo configurato dalla tradizione come atto di adorazione risulta essere il più appropriato.[106]

È significativo per una continuità del *sensus fidei* con il periodo storico contemporaneo, che il papa del Concilio Vaticano II, san Giovanni XXIII, si esprimesse dicendo che «l'uomo non è mai più grande di quando è in ginocchio».[107]

Alla fine di un percorso storico di circa venti secoli, la liturgia cattolica aveva sempre più dato forma al culto di adorazione, in una dinamica che sintetizzava i misteri principali della storia della salvezza. Alla prostrazione greca, che accentuava il senso del necessario riconoscimento della grandezza di Dio nel sacramento della Sua incarnazione, si era ormai associata definitivamente l'accezione dell'adorazione come culto d'amore a Dio che si rivela. In questi termini infatti san Pio X, conosciuto come il papa dell'Eucaristia, nel 1907 concesse un'indulgenza speciale a chi durante la Messa, stando in ginocchio elevasse lo sguardo all'elevazione dell'ostia santa pronunciando «mio Signore e mio Dio».[108]

A questo proposito è significativo un passaggio di un'omelia di papa Benedetto XVI durante la festa del Corpus Domini del 2009:

> È opportuno ricordare, al riguardo, le diverse accezioni che il vocabolo «adorazione» ha nella lingua greca e in quella latina. La parola greca proskýnesis indica il gesto di sottomissione, il riconoscimento di Dio come nostra vera misura, la cui norma accettiamo di seguire. La parola latina adoratio, invece, denota il contatto fisico, il bacio, l'abbraccio, che è implicito nell'idea di amore. L'aspetto della sottomissione prevede un rapporto d'unione, perché colui al quale ci sottomettiamo è Amore. Infatti,

[105] Nel concetto di adorazione è sempre presente in qualche modo quello di comunione e quest'ultima presuppone la prima: «Nessuno mangi quella carne [il Corpo eucaristico], se prima non l'ha adorata. Peccheremmo se non l'adorassimo». AGOSTINO, *Enarrationes in Psalmos*, 98, 9: CCL 39, 1385.
[106] MARTINELLI, *Le forme del Sacro*, 141.
[107] Cit. in: DYCKHOFF, *Pregare con il corpo,* 67.
[108] Cfr. JUNGMANN, *Missarium solemnia,* vol. 2, 164.

nell'Eucaristia l'adorazione deve diventare unione: unione col Signore vivente e poi col suo Corpo mistico.[109]

4.2. Il Rito Romano attuale

Fin qui l'analisi storica ci ha mostrato la ragionevolezza e la continuità biblica del gesto dell'inginocchiarsi nella liturgia latina. Presentiamo ora cosa prevedono i libri liturgici ufficiali per il rito romano[110] secondo la riforma liturgica successiva al Concilio Vaticano II.

Il libro liturgico per eccellenza per il rito ordinario della Messa, il *Missale Romanum*, nell'edizione valida per la Chiesa universale, nella sua ultima edizione del 2002,[111] al n. 43 delle sue rubriche scrive:

> genuflectant vero [...] ad consecrationem [...] sacerdos genuflexit post consecrationem [...] ab acclamatione Sanctus espleta [...] ad finem precis eucharisticae et ante communionem [...] "Ecce Agnus Dei" genuflexum manere, hic laudabiliter retinetur.[112]

Che nella traduzione italiana ad opera della collana Documenti delle edizioni Messaggero, in attesa della distribuzione del nuovo Messale in lingua italiana da parte della CEI,[113] si può leggere:

> [I fedeli] s'inginocchino poi alla consacrazione, [...] il sacerdote genuflette dopo la consacrazione. [...] Dove vi è la consuetudine che il popolo rimanga in ginocchio dall'acclamazione del Santo fino alla conclusione della

[109] UFFICIO DELLE CELEBRAZIONI LITURGICHE DEL SOMMO PONTEFICE, *Eucaristia - Adorazione – Comunione.*
[110] L'unico altro rito latino, quello ambrosiano, pur secondo altri libri liturgici ha la stessa regolamentazione per il gesto dell'inginocchiarsi.
[111] La *tertia editio typica* del *Missale Romanum* promulgato nel 1970.
[112] CONGREGAZIONE PER IL CULTO DIVINO E LA DISCIPLINA DEI SACRAMENTI, *Missale Romanum,* n. 43.
[113] Ad oggi in Italia, per il rito ordinario della Messa in lingua latina viene usata normalmente la nuova versione del 2002 del *Missale Romanum* , mentre per il rito ordinario della Messa in italiano, viene usata ancora la traduzione CEI del 1983 del *Missale* del 1975.

Preghiera eucaristica e prima della Comunione, quando il sacerdote dice Ecco l'Agnello di Dio, tale uso può essere lodevolmente conservato.[114]

Rispetto all'edizione precedente del Messale, in cui si leggeva comunque l'invito ai fedeli all'inginocchiarsi durante la consacrazione,[115] si ha l'aggiunta di una lode speciale alla prassi tradizionale del rimanere in ginocchio per tutta la preghiera eucaristica e durante l'ostensione del Corpo di Cristo presentato ai fedeli come l'Agnello di Dio. Segno evidente di come nella Chiesa di oggi si senta il bisogno di ricuperare l'uso di un gesto altamente significativo per la partecipazione al mistero eucaristico.

Nel libro delle celebrazioni dei vescovi, il nuovo *Caerimoniale Episcoporum*, oltre alle numerose genuflessioni previste per il vescovo celebrante, si trovano queste significative indicazioni, considerate valide integrazioni[116] all'ordinamento del Messale romano:

> Dall'epiclesi fino alla elevazione del calice compiuta, il vescovo [non celebrante] sta in ginocchio rivolto verso l'altare su un inginocchiatoio preparato per lui o davanti alla cattedra o in altro luogo più adatto. Quindi sta nuovamente in piedi alla cattedra.[117]

> I diaconi, dall'epiclesi fino all'elevazione del calice, restano in ginocchio[118].

> Per incensare il ss. Sacramento si sta in ginocchio[119].

Riguardo le genuflessioni previste per il celebrante, l'ordinamento del Messale dice:

---

[114] *Ordinamento generale del Messale romano. Celebrare e vivere l'Eucaristia*, a cura di RAMPAZZO, Fulvio – PASSARIN, Damiano, Padova: Edizioni Messaggero, 2011, 68.

[115] CONFERENZA EPISCOPALE ITALIANA, *Messale Romano*, II edizione, n. 21.

[116] UFFICIO DELLE CELEBRAZIONI LITURGICHE DEL SOMMO PONTEFICE, *Le disposizioni integrative del Cæremoniale Episcoporum al Missale Romanum*.

[117] CONGREGAZIONE PER IL CULTO DIVINO, *Cerimoniale dei vescovi*, prot. N. CD 1300/84, n. 182.

[118] *Ivi*, n.155.

[119] *Ivi*, n.94.

> La genuflessione, che si fa piegando il ginocchio destro fino a terra, significa adorazione; perciò è riservata al Ss.mo Sacramento e alla santa Croce, dalla solenne adorazione nell'Azione liturgica del Venerdì nella Passione del Signore fino all'inizio della Veglia pasquale. Nella Messa vengono fatte dal sacerdote celebrante tre genuflessioni, cioè: dopo l'ostensione dell'ostia, dopo l'ostensione del calice e prima della Comunione. [...] Se nel presbiterio ci fosse il tabernacolo con il Ss.mo Sacramento, il sacerdote, il diacono e gli altri ministri genuflettono quando giungono all'altare o quando si allontanano, non invece durante la stessa celebrazione della Messa. Inoltre genuflettono tutti coloro che passano davanti al Ss.mo Sacramento, se non procedono in processione.[120]
>
> Durante la Preghiera eucaristica, il diacono sta accanto al sacerdote, ma un po' indietro, per attendere, quando occorre, al calice e al Messale. Quindi dall'epiclesi fino all'ostensione del calice il diacono abitualmente sta in ginocchio. Se sono presenti più diaconi, uno di essi, al momento della consacrazione, può mettere l'incenso nel turibolo e incensare durante l'ostensione dell'ostia e del calice.[121]
>
> I fedeli si comunicano in ginocchio o in piedi, come stabilito dalla Conferenza Episcopale.[122]

Gli inchini nel rito romano sono previsti di due tipi, per due tipi di venerazione ma, a meno che non ci si trovi in condizioni di movimenti impediti, non indicano mai adorazione:

> Con l'inchino si indicano la riverenza e l'onore che si danno alle persone o ai loro segni. Vi sono due specie di inchino, del capo e del corpo:
>
> a) L'inchino del capo si fa quando vengono nominate insieme le tre divine Persone; al nome di Gesù, della beata Vergine Maria e del Santo in onore del quale si celebra la Messa.

---

[120] *Ordinamento generale del Messale romano*, 274.
[121] *Ivi*, 179.
[122] *Ivi*, 160.

> b) L'inchino di tutto il corpo, o inchino profondo, si fa: all'altare; mentre si dicono le preghiere Purifica il mio cuore e Umili e pentiti; nel simbolo alle parole: E per opera dello Spirito Santo; nel canone romano, alle parole: Ti supplichiamo, Dio onnipotente. Il diacono compie lo stesso inchino mentre chiede la benedizione prima di proclamare il Vangelo. Inoltre il sacerdote, alla consacrazione, si inchina leggermente mentre proferisce le parole del Signore.[123]

Dalla Congregazione per il culto e la disciplina dei sacramenti possiamo estrarre questa indicazione di carattere prettamente liturgico, valida sia durante la celebrazione liturgica che nel culto eucaristico al di fuori della Messa:

> Dinanzi al santissimo Sacramento, chiuso nel tabernacolo o pubblicamente esposto, si mantenga la veneranda prassi di genuflettere in segno di adorazione. Questo atto richiede che a esso sia data un'anima. Affinché il cuore si pieghi dinanzi a Dio in profonda riverenza, la genuflessione non sia né frettolosa né sbadata.[124]

Da notare come sia inteso nel senso cultuale anche la genuflessione dinanzi al santissimo Sacramento chiuso nel tabernacolo, tanto che in una indicazione della congregazione per il clero viene suggerito che: «un modo semplice ed efficace di fare pastorale liturgica [...] è la pratica fedele della genuflessione».[125]

La prassi della preghiera in ginocchio durante la preghiera eucaristica nel rito romano ha una giustificazione teologica e normativa[126] e data la natura sociale del nostro essere cristiani, quando preghiamo con la Chiesa come facciamo a Messa, dobbiamo desiderare di muoverci come la Chiesa ci indica:[127]

---

[123] *Ivi*, 275.
[124] SACRA CONGREGATIO PRO SACRAMENTIS ET CULTU DIVINO, *Inestimabile Donum*, n. 26.
[125] CONGREGAZIONE PER IL CLERO, *Il Presbitero... Ministro dei Sacramenti...* 19.03.1999, n. 2.
[126] "l'Ars celebrandi scaturisce dall'obbedienza fedele alle norme liturgiche nella loro completezza". BENEDETTO XVI, *Sacramentum Caritatis*, n. 38.
[127] Cfr. HAHN, *Sign of life*, 87.

> Inginocchiandoci di fronte all'Eucaristia e adorando l'Agnello che ci permette di celebrare la Pasqua con lui, siamo capaci di non cadere di fronte a idoli umani e abbiamo la capacità di obbedire a lui in cui riconosciamo l'unico signore della Chiesa e del mondo in uno spirito di fedeltà, docilità e venerazione.[128]

Una controprova sull'importanza dell'inginocchiarsi di fronte all'Eucaristia a prescindere dal tempo liturgico, sia durante la consacrazione che nel culto al di fuori della Messa, potrebbe venire dal caso speciale delle ordinazioni ministeriali. In esse infatti è previsto per il candidato l'inginocchiarsi di fronte al vescovo a prescindere dal tempo liturgico corrente;[129] in questo caso il gesto dell'inginocchiarsi è più sbilanciato sul senso della supplica che su quello dell'adorazione: il candidato si trova infatti al cospetto della potenza di Dio che consacra nella figura del vescovo ma ciò non può essere confuso con l'adorazione alla presenza di Dio per eccellenza. Questa modalità dovrebbe rendere ancora più chiaro che se è assodata la motivazione dell'inginocchiarsi durante le istituzioni ministeriali, in atteggiamento prevalente di umiltà e supplica anche durante il tempo pasquale, dovrebbe essere ancor più giustificabile il piegare il ginocchio in adorazione di fronte al corpo di Cristo anche durante le maggiori solennità.

4.3. Confronto con la teologia ortodossa moderna

Come diceva il sacerdote e teologo ortodosso Schmemann, tra i principali esponenti dell'ortodossia nel '900, tra cattolici e ortodossi c'è una distanza

---

[128] CONGREGAZIONE PER IL CULTO DIVINO E LA DISCIPLINA DEI SACRAMENTI, *Anno dell'Eucaristia. Suggerimenti e proposte*, 15 ottobre 2004: *L'Osservazione Romano*, 15.10.2004, Suppl.

[129] «Quindi il diacono, se è il caso, dice: *Mettiamoci in ginocchio.* Allora il vescovo ordinante principale e i vescovi ordinanti si inginocchiano davanti alle loro sedi; l'eletto invece si prostra, mentre gli altri si mettono in ginocchio. Tuttavia nel tempo pasquale e nelle domeniche, si omette la monizione: *Mettiamoci in ginocchio;* l'eletto però si prostra, mentre gli altri rimangono in piedi. [...] L'eletto si alza, si avvicina al vescovo ordinante principale e si inginocchia davanti a lui.»: CONGREGAZIONE PER IL CULTO DIVINO, *Cerimoniale dei vescovi*, n. 500-2.

psicologica[130] e per quanto vicine esse siano nella teologia e unite nella tradizione apostolica, l'intendimento del gesto liturgico dell'inginocchiarsi sembra essere agli «antipodi».[131]

La Chiesa cattolica ha sempre accentuato la centralità del Cristo nel sacrificio eucaristico[132] quando nella Chiesa ortodossa si preferisce parlare dell'azione della santa Trinità nella divina liturgia e pur condividendo la fede sulla presenza per eccellenza di Dio nel sacramento dell'altare, la prima ha maggiormente sviluppato la consapevolezza della consacrazione come evento corporale tramite le categorie filosofiche della sostanza, mentre tra gli ortodossi si preferisce parlare di misteriosa presenza dello Spirito santo che comunque trasforma[133] gli elementi del pane e del vino nel corpo e nel sangue di Cristo. L'occidente da un ruolo privilegiato alla formula consacratoria nella liturgia eucaristica, il racconto in cui «Spirito e Parola trasformano gli elementi del pane e del vino nel corpo e sangue, anima e divinità del Cristo»;[134] l'oriente non distingue in momenti di maggiore dignità l'intera cerimonia eucaristica, composta di offerta, epiclesi, ringraziamento e memoriale, la quale porta al «cambiamento eucaristico» dei santi doni.[135] Gradualmente la dottrina occidentale è penetrata in quella orientale ed è stata accettata parzialmente: la teologia ortodossa rifiuta ancora la parte del memoriale dell'istituzione[136] come causa del cambiamento[137] ma ha cominciato ad interpretare l'epiclesi come formula consacratoria.[138]

---

[130] Cfr. A. SCHMEMANN, *Il mondo come sacramento*, Brescia: Queriniana, 1969 (collana theologia publica 14), 5.

[131] Ad esempio: «la norma che regola le genuflessioni (permesse sino all'epiclesi) nella Messa siro-orientale è dunque quasi esattamente agli antipodi di quella che, nella Messa romana, è derivata dall'uso che si fa della genuflessione nel culto eucaristico». JUNGMANN, *Missarium solemnia,* vol. 1, 300.

[132] «L'intera liturgia mistica occidentale è caratterizzata dall'immagine di Cristo che discende nei nostri altari». SCHMEMANN, *The Eucharist. Sacrament of the Kingdom*, New York: san Vladimir's seminary press, 2003, 60.

[133] Cfr. M. MAGRASSI, *Il fuoco dello Spirito nel calice*, Bari: La scala, 1983, 43.

[134] HAHN, *La cena dell'Agnello*, 58.

[135] Cfr. SCHMEMANN, *Il mondo come sacramento*, 44.

[136] «La chiesa ortodossa ha sempre insistito che la trasformazione (*metabolé*) degli elementi eucaristici avviene mediante l'*epiclesis*, l'invocazione dello Spirito santo e non mediante le parole dell'istituzione». SCHMEMANN, *Il mondo come sacramento*, 44.

[137] Anche se «la dottrina della Chiesa antica sia occidentale che orientale fino al sec. VII è stata pressoché unanime nel ritenere e nel dichiarare che la consacrazione avviene per opera delle parole di Cristo: *questo è il mio Corpo; questo è il mio Sangue*, profferite dal sacerdote all'altare in nome di Cristo medesimo». M.

È particolarmente interessante notare che è nella teologia cattolica che si è maggiormente mantenuto il senso del memoriale ebraico nell'integralità del suo significato[139] ma comunque entrambe le Chiese hanno mantenuta viva la consapevolezza che «il rito compiuto da Gesù non è semplice commemorazione ma un vero sacrificio, sicché la Messa è sacrificio. Gesù interviene glorioso alla mensa dei discepoli».[140]

La teologia ortodossa non ha mai sviluppato i riti di adorazione al corpo di Cristo come nella Chiesa cattolica ma ciò non significa che in essa non sia presente: l'adorazione alle specie eucaristiche nel rito bizantino si esprime appunto nell'aura di assoluta sacralità che circonda tutto ciò che avviene sull'altare del sacrificio e nel momento della comunione.[141] A detta degli stessi teologi ortodossi:

> È un fatto indiscutibile che, come sotto i primi successori degli apostoli, così anche i periodi molto successivi dell'esistenza della Chiesa di Cristo, le genuflessioni, gli inchini e le prosternazioni fino a terra sono stati sempre impiegati dai veri credenti nelle preghiere domestiche e nei servizi divini. Nell'antichità, tra le attività corporee, inginocchiarsi era considerata la manifestazione esteriore di preghiera più gradita a Dio.[142]

Non essendoci quindi dei momenti specifici dedicati all'adorazione delle specie consacrate, la teologia ortodossa usa il gesto della prostrazione e della genuflessione soprattutto per la preghiera di supplica o come atto penitenziale e infatti quando i fedeli si inginocchiano e si prostrano davanti all'altare della

RIGHETTI, *La Messa. Commento storico-liturgico alla luce del Concilio Vaticano II*, vol. 3 di *Manuale di storia liturgica*, Milano: Ancora, 1966, 387.

138 SCHMEMANN, *The Eucharist*, 214.

139 «Il memoriale ebraico è indicato dal sostantivo *zekher* e dal verbo *zakhor* e significano *evocazione-invocazione* ed *evocare-invocare»* e «non è memoria nel senso comune di quanto fu e non è, ma invocazione e attesa della presenza viva e attiva di Chi fu, è e sarà». E. ZOLLI, *Prima dell'alba*, Cinisello Balsamo: San Paolo, 2004, 261-2.

140 ZOLLI, *Prima dell'alba*, 260.

141 Oltre alle numerose prostrazioni durante l'anno, la comunione è sempre rigorosamente distribuita in bocca e secondo una complessa procedura, e vi è sempre una barriera fatta di icone, l'*iconostasi*, che circonda e mantiene separato l'altare della consacrazione dal resto della chiesa.

142 *Why Are Prayers Said In Church Without Kneeling On All Sundays and From Pascha Until Pentecost,* 48.

consacrazione è soprattutto per accompagnare la supplica del sacerdote alla Trinità per la trasformazione degli elementi.

Le uniche eccezioni, ancora valide nella prassi ortodossa attuale, riguardano la domenica e i giorni tra Pasqua e Pentecoste mentre durante tutti gli altri giorni ai fedeli viene letteralmente «ordinato di inginocchiarsi»:[143]

> I canoni relativi agli inchini e alle genuflessioni ormai accettati dalla Chiesa ortodossa e che si trovano nei libri dei servizi divini, e in particolare nel Tipico della Chiesa [ortodossa], si osservano nei monasteri. Ma in generale, ai cristiani ortodossi laici pieni di zelo è permesso di pregare in ginocchio in chiesa e fare prosternazioni complete ogni volta che lo desiderano, con la sola eccezione dei momenti in cui si leggono il Vangelo, l'Apostolo, le letture dell'Antico Testamento, e i sei salmi e durante le prediche. La Santa Chiesa guarda a queste persone in modo amorevole, e non vincola i loro sentimenti di devozione. Tuttavia, le eccezioni per quanto riguarda la domenica, e i giorni tra Pasqua e Pentecoste, si applicano in generale a tutti.[144]

Per poter capire la disposizione orientale del non genuflettere nei tempi pasquali bisognerebbe necessariamente vivere in quel contesto rituale in cui il cristiano arriva addirittura a desiderare di prostrarsi, perché parte integrante del proprio linguaggio cultuale. Non si può pensare di comporre un arbitrario quadro liturgico prendendo forme ed espressioni da vari riti che possono assumere un senso pieno solo in un contesto liturgico armonico; non si può ragionevolmente pensare di usare nel rito latino gli inchini propri della celebrazione bizantina senza correre il rischio di snaturarle o addirittura ridicolizzarle come puro folklore e comporre una sorta di patch-work liturgico a nostra personale discrezione.

La liturgia con tutti i suoi gesti e parole non è in nostro potere ma nella nostra fedele custodia!

---

[143] Invito fatto ai vespri di Pentecoste. Cfr. SCHMEMANN, *Il mondo come sacramento*, 62.
[144] *Why Are Prayers Said In Church Without Kneeling On All Sundays and From Pascha Until Pentecost*, 49.

CAPITOLO QUINTO

5. IMPLICAZIONI SPIRITUALI ED ESISTENZIALI

5.1. Supplica e adorazione

Abbiamo visto come non sia possibile comunque dare un solo senso al gesto in analisi, essendo di natura polisemico: inginocchiarsi è sia penitenziale che di adorazione, sia di ascolto che di disponibilità.[145] La preghiera di supplica e di intercessione può cambiare il proprio tono a seconda delle condizioni contingenti. Infatti il contesto ordinario e feriale implica un coinvolgimento diverso del corpo rispetto ad un contesto di solennità perché la persona, soggetto della preghiera, è condizionata dalla realtà che cambia la sua disposizione interiore: la supplica di un uomo nel contesto feriale è quella della condizione umile sua propria e si esprime con il prostrarsi o l'inginocchiarsi; la preghiera nel tempo della Pasqua è quella della condizione futura dei corpi trasfigurati, che è simboleggiata dall'essere in piedi.

La reazione di fronte alla presenza divina invece è a prescindere dalle condizioni e dai contesti e dipenderà invece solo dal tipo di manifestazione esterna a noi, perché in questo caso il soggetto è Dio stesso. Alla presenza reale e sostanziale di Dio nell'Eucaristia, la presenza divina «per antonomasia»,[146] si deve l'adorazione che il corpo esprime col piegare le ginocchia a terra. Alla presenza reale ma non sostanziale del Signore nella comunità orante, nella proclamazione della Sua parola e nei luoghi e persone a Lui consacrati, è l'inchino ad esprimere il dovuto rispetto e venerazione. Per indicarne la distinzione con il gesto eloquente del corpo, solo alla prima infatti, ancor più nella riforma post-conciliare,[147] si concede la necessaria genuflessione.

---

[145] PRÉTOT, *La liturgia, un'esperienza corporale*, 980.
[146] PAOLO VI, *Mysterium Fidei,* n. 40.
[147] «Il Vescovo viene ossequiato [...] non più con la genuflessione». PAOLO VI, *Pontificalia insignia*, n.25.

5.2. Genuflessione o inchino

La liturgia non è veramente cristiana se non quando il rito porta a Cristo crocifisso, morto e risorto[148] ed in questa dinamica auspica la gradualità dei segni della presenza del Signore[149] che si esprimono, tra i tanti, principalmente con i gesti della genuflessione e degli inchini. Proprio oggi sarebbe necessaria una rinnovata catechesi sulla differenza tra genuflessione e inchino,[150] sia durante la celebrazione eucaristica sia nella preghiera personale davanti al tabernacolo.[151] Come è stato già detto, se non subentrassero problemi fisici o di spazio, l'inchino nella liturgia è usato per esprimere ossequio e rispetto per le persone e per quelle cose che sono state toccate dalla Grazia divina e che la ospitano. Facendo l'inchino alla comunità dei fedeli o ad un consacrato o ad un oggetto consacrato, si ossequia in fondo una speciale presenza dello Spirito di Dio e nel rito romano della Messa ne sono previsti diversi: al celebrante, all'assemblea ma anche all'altare e alla croce.

La genuflessione invece implica qualcosa in più: nella liturgia non si concede per semplice rispetto od ossequio e quando è fatta significa adorazione a ciò che si ha di fronte. Si palesa a se stessi e agli altri che di fronte a noi c'è o sta avvenendo qualcosa di ancor più grande rispetto alla presenza spirituale di Dio: la Sua presenza corporale, che è insieme reale e sostanziale. La consacrazione delle specie eucaristiche infatti non è soltanto una presenza dello Spirito santo nel pane e nel vino ma una vera e propria trasformazione degli elementi.[152] Anche quando la nostra bocca non può esprimere questo mistero, il piegare il ginocchio esprime una chiara professione di fede.

---

[148] Cfr. PRÉTOT, *La liturgia, un'esperienza corporale*, 976.
[149] Cfr. NARDI, Genuflessione o inchino, 65.
[150] Cfr. FRANCO, *Catechesi dei gesti liturgici,* 38.
[151] *Ivi*, 37.
[152] «Per questo i Padri ebbero gran cura di avvertire i fedeli che nel considerare questo augustissimo Sacramento non si affidassero ai sensi, che rilevano le proprietà del pane e del vino, ma alle parole di Cristo, che hanno la forza di mutare, trasformare, "transelementare" il pane e il vino nel Corpo e nel Sangue di lui». PAOLO VI, *Mysterium Fidei,* n. 48.

A questo proposito può essere molto significativa la testimonianza di una teologa americana, Kimberly Hahn, riportata nel libro scritto da lei e da suo marito Scott riguardo le vicende della loro conversione al cattolicesimo, ci mostra come il gesto dell'inginocchiarsi di fronte all'Eucaristia abbia in se una forza di testimonianza sorprendente:

> Una sera, avemmo l'opportunità di partecipare a una Messa al termine della quale c'era una processione eucaristica. Non ne avevo mai vista una. Mentre guardavo una fila dopo l'altra di uomini e donne adulti che si inginocchiavano al passaggio dell'ostensorio, pensai: queste persone credono che questo è il Signore, e non semplicemente pane e vino. Se questo è Gesù, la loro reazione è l 'unica appropriata. Se uno oggi, deve inginocchiarsi davanti a un re, quanto più dovrà inginocchiarsi davanti al Re dei re, al Signore dei signori? È possibile non inginocchiarsi e restare tranquilli? Ma - continuavo a rimuginare - e se non lo è? Se quello nell'ostensorio non è Gesù, allora ciò che queste persone fanno è volgare idolatria. Quindi, è possibile inginocchiarsi tranquillamente? Questa situazione metteva in luce quello che Scott aveva sempre detto: la Chiesa cattolica non è come una Chiesa protestante qualsiasi, ma o è vera, o è diabolica. Siccome dovevo decidermi, perché l'ostensorio si stava avvicinando, feci un mezzo movimento poco convinto, un po' in su e un po' in giù. Ancora una volta, ebbi l'impressione di essere spinta dallo Spirito Santo a riprendere il mio studio con serietà: questa non era una cosa semplice, come scegliere la Chiesa protestante preferita.[153]

Questa testimonianza così semplice ma così efficace da parte di una cristiana fervente che al tempo viveva la propria fede nel radicalismo biblico delle comunità presbiteriane degli Stati Uniti, ci mostra come il gesto dell'inginocchiarsi di fronte all'Eucaristia non sia semplicemente un gesto radicato nelle Scritture e riconoscibile nel suo significato di adorazione ma un gesto che non può lasciare indifferenti: se ti inginocchi sai che puoi farlo solo di

---

[153] S. HAHN, *Roma dolce casa. Il nostro viaggio verso il cattolicesimo*, Milano: Ares, 2011, 188-9.

fronte a Dio ed è proprio in ciò che sei chiamato a rischiare la fede in chi continua a dire durante la consacrazione di ogni Messa «questo è il Mio corpo» (Mt 26, 26).

Come sempre avviene quando ci si pone in verità di fronte a Dio, la realtà tutta trova il suo giusto equilibrio. La nostra dignità di fronte agli uomini è infatti quella di coloro che riconoscono un Dio che dimora in mezzo alla sua gente; lo statista Alcide de Gasperi lo esprimeva in questo modo: «Sto in ginocchio davanti a Dio per stare in piedi davanti agli uomini»[154] e persino la controversa scrittrice ebrea Etty Hillesum arrivò a ritenere che «l'unico atto degno di un uomo [...] è inginocchiarsi davanti a Dio».[155]

Nell'epistolario di san Pio da Pietrelcina, dove troviamo diverse istruzioni ai figli spirituali, parlando degli atteggiamenti da tenere in Chiesa diceva:

> Appena sei in vista del Dio sacramentato, fa' devotamente la genuflessione. Trovato il posto, inginocchiati e rendi a Gesù sacramentato il tributo della tua preghiera e della tua adorazione. Confida a lui tutti i tuoi e gli altrui bisogni, parlagli con abbandono filiale, dà sfogo libero al tuo cuore e lascia piena libertà a lui di operare in te come meglio gli piace. Assistendo alla santa Messa e alle sacre funzioni, usa molta gravità nell'alzarti, nell'inginocchiarti, nel metterti a sedere; e compi ogni atto religioso con la più grande devozione.[156]

5.3. Transignificazione e archeologismi

Transignificazione, associato a transfinalizzazione, è un termine che nell'ultimo secolo è stato proposto da alcuni teologi per affrancarsi dalla

---

[154] S. VITA, *Fede e politica: un'utopia o un impegno possibile? Quale civiltà si imporrà nel futuro del pianeta?* 26.12.2012: online in "Zenit": <http://www.zenit.org/it/articles/fede-e-politica-un-utopia-o-un-impegno-possibile> (accesso 08.05.2015).

[155] E. HILLESUM, *Diario*, Milano: Adelphi, 1996, 150.

[156] PIO DA PIETRELCINA, *Epistolario*, vol. 1, San Giovanni Rotondo: Edizioni Padre Pio da Pietrelcina, 1995, 1079.

categoria aristotelica di sostanza nel tentativo di spiegazione di ciò che avviene durante la consacrazione delle specie eucaristiche. Il concetto però che stava dietro questo termine, ovvero il semplice cambiamento di significato per il pane durante la consacrazione, era in contrasto con ciò che la Chiesa ha creduto e insegnato da sempre e Paolo VI provvide ad escluderlo definitivamente dal deposito della fede.[157] Il problema che sta dietro questo tipo di teorie non è soltanto il loro grado di conformità alla fede della Chiesa ma la loro genesi: la stessa specifica della Chiesa militante implica che ogni cattolico corre il pericolo di perdere fiducia nell'evento prodigioso che vede la stessa Trinità creatrice umiliarsi nel pane e nel vino, trasformandoli invisibilmente[158] e non è certo una novità per la storia del cristianesimo cercare una teoria che provi a spiegare in maniera più umana possibile un evento che intellettualmente parlando è così imbarazzante.

Possiamo cercare di suddividere le ipotesi teologiche alternative alla transustanziazione, in quelle che comunque contemplano la presenza efficace di una realtà soprannaturale e in quelle che cedono maggiormente al razionalismo, come quella della transignificazione e della transfinalizzazione, in cui infatti non è determinante la presenza di elementi soprannaturali perché avvenga una consacrazione.[159] Tra le teorie teologiche moderne che contemplano ancora una realtà soprannaturale, quella che si è maggiormente diffusa negli ambienti teologici del nostro tempo[160] è quella di supporre che non ci siano differenze essenziali per quanto riguarda la presenza divina nella comunità dei fedeli, nella proclamazione della Parola e nelle specie eucaristiche; tutt'al più si concede una differenza temporale. Ovvero, se nell'ambito della benedizione e della consacrazione di oggetti, azioni e persone generalmente ci troviamo di fronte ad

[157] PAOLO VI, *Mysterium Fidei,* n.11.

[158] «Mediante la consacrazione si opera la transustanziazione del pane e del vino nel Corpo e nel Sangue di Cristo. Sotto le specie consacrate del pane e del vino, Cristo stesso, vivente e glorioso, è presente in maniera vera, reale e sostanziale, il suo Corpo e Sangue con la sua anima e divinità». *Catechismo della Chiesa Cattolica*, n. 1413.

[159] Che di conseguenza diventerebbe più che altro una convenzione!

[160] Non possiamo fare in questo contesto un'analisi completa e dettagliata delle varie teorie teologiche proposte, ma solo un'esposizione sommaria.

una presenza transitoria dello Spirito santo,[161] per le sole specie eucaristiche quest'ultima sarebbe permanente, per giustificarne la presenza anche al termine della celebrazione eucaristica che permette la liceità dell'adorazione eucaristica solenne o nei tabernacoli, senza dover implicare un cambiamento sostanziale negli elementi. Ma dal deposito di fede, sappiamo che la consacrazione implica una vera trasformazione della realtà fisica![162]

Indubbiamente questo tipo di teorie nascono in genere per dare un'alternativa moderna alle categorie filosofiche usate da secoli dalla Chiesa cattolica ma spesso si ritrovano a stravolgere o sminuire pesantemente la realtà divina del sacramento. Inchinarsi indiscriminatamente di fronte ad un simbolo di Cristo come è l'altare consacrato, di fronte ad una realtà che pure ospita lo Spirito di Cristo come è la comunità dei fedeli, così come di fronte all'Eucaristia che è vera carne e vero sangue del Signore, può essere il manifesto più chiaro di questa deriva dalla fede ecclesiale. Utilizzando un esempio comune, sarebbe come avere lo stesso tipo di attenzione di fronte al ritratto di una persona cara e alla stessa persona presente in carne e sangue di fronte a noi: chi lo facesse paleserebbe chiaramente il fatto o di non essere cosciente di avere dinanzi a sé una persona reale, o di non percepire la differenza tra immagine e realtà.

Infine vediamo il termine archeologismo, che fu usato originariamente da papa Pio XII nella sua famosa enciclica *Mediator Dei* e nella liturgia fa riferimento ad un arbitrario uso di consuetudini antiche riproposte al di fuori del loro contesto come alternativa ad alcune delle norme attualmente vigenti. Può sembrare anche ingenuo il caso parallelo di chi volesse usare nella propria casa

---

[161] Con il conseguente problema di dover spiegare una presenza solo temporanea dello Spirito santo nelle realtà consacrate e nel caso contrario, come spiegare la differenza tra la Sua presenza permanente nei consacrati e nelle specie eucaristiche.

[162] «Avvenuta la transustanziazione, le specie del pane e del vino senza dubbio acquistano un nuovo fine, non essendo più l'usuale pane e l'usuale bevanda, ma il segno di una cosa sacra e il segno di un alimento spirituale; ma intanto acquistano nuovo significato e nuovo fine in quanto contengono una nuova « realtà », che giustamente denominiamo *ontologica.* Giacché sotto le predette specie non c'è più quel che c'era prima, ma un'altra cosa del tutto diversa; e ciò non soltanto in base al giudizio della fede della Chiesa, ma per la realtà oggettiva, poiché, convertita la sostanza o natura del pane e del vino nel corpo e sangue di Cristo, nulla rimane più del pane e del vino che le sole specie, sotto le quali Cristo tutto intero è presente nella sua fisica « realtà » anche corporalmente, sebbene non allo stesso modo con cui i corpi sono nel luogo». PAOLO VI, *Mysterium Fidei,* n. 47.

un antico vaso a mo' di bicchiere, con la possibilità di usare un oggetto per un uso diverso da quello per cui fu concepito, ma nel caso delle norme della liturgia a ciò deve aggiungersi quella sottile sfiducia nella progressione nella fede da parte della Chiesa e soprattutto nel suo ispiratore, lo Spirito di Dio. Riportiamo l'estratto dalla stessa enciclica:

> Come, difatti, nessun cattolico di senso può rifiutare le formulazioni della dottrina cristiana composte e decretate con grande vantaggio in epoca più recente dalla Chiesa, ispirata e retta dallo Spirito Santo, per ritornare alle antiche formule dei primi Concili, o può ripudiare le leggi vigenti per ritornare alle prescrizioni delle antiche fonti del Diritto Canonico, così, quando si tratta della sacra Liturgia, non sarebbe animato da zelo retto e intelligente colui il quale volesse tornare agli antichi riti ed usi ripudiando le nuove norme introdotte per disposizione della Divina Provvidenza e per le mutate circostanze. Questo modo di pensare e di agire, difatti, fa rivivere l'eccessivo ed insano archeologismo.[163]

In definitiva, le norme che un tempo possono aver regolato la preghiera in ginocchio o in piedi non possono essere usate né arbitrariamente e né al di fuori del loro contesto e soprattutto non possono essere usate in contraddizione con le norme attuali esplicitamente richieste dal rito. Le conseguenze possono essere quella di snaturare il gesto che si svuoterebbe o cambierebbe di significato[164] e ancora peggio quella di ledere la fede teologale che si esprime pienamente nella fedeltà alla Chiesa.[165] Abbiamo infatti visto che le norme che regolano i gesti della liturgia sono legate alla fede della Chiesa e non alla nostra personale comprensione e che c'è una sostanziale differenza che si esprime nel gesto, tra la preghiera di supplica e richiesta e la preghiera di adorazione.

---

[163] PIO XII, *Mediator Dei*, Innovazioni temerarie.

[164] «Se per alcuni autori dei primi secoli, il rimanere in piedi poteva significare il celebrare il Risorto, ora per i cristiani contemporanei esso equivale a non partecipare al sacrificio di Cristo». MARTINELLI, *Le forme del Sacro*, 226.

[165] Cfr. J. RATZINGER, *Natura e compito della teologia. Il teologo nella disputa contemporanea. Storia e dogma*, Milano: Jaca Book, 1993, 93.

Ci si potrebbe chiedere infatti come interpretare il caso teorico di un candidato al sacerdozio ministeriale che durante la sua ordinazione in tempo di Pasqua disprezzasse o peggio si rifiutasse di mettersi in ginocchio di fronte al vescovo consacrante appellandosi al canone del Concilio di Nicea. E se di fronte non ci fosse semplicemente un vescovo nell'atto di consacrare ma fossimo al cospetto della *parousia*[166] del Cristo, non sarebbe ancor più chiara la contraddizione? La fede nella tradizione antica della Chiesa può sposarsi con la sfiducia per la sua storia?

CONCLUSIONE

Come insegna il Bonaccorso, la priorità della liturgia non è principalmente comprendere quello che si celebra ma comprendere a partire dalla celebrazione. La liturgia è stata sempre vissuta e dev'essere vista come luogo teologico secondo il livello della teologia prima che concerne il rapporto di fede tra l'uomo e Dio e quindi fonte autentica e non solo conferma della riflessione teologica.[167] La stessa facoltà disciplinare della Chiesa diviene occasione di crescita nella fede lungo i secoli.

Il rito romano in seguito alla riforma conciliare, avendo ripristinato alcuni tesori simbolici in disuso, riesce a tenere insieme tutte le dimensioni prospettate dalla storia liturgica del cristianesimo: anche nel movimento che durante ogni celebrazione porta il fedele dalla posizione in piedi a quella in ginocchio e di nuovo in piedi, sta sintetizzata e resa plastica l'intera storia della salvezza e la condizione umana del cristiano, nel suo qui ed ora e nella sua condizione futura. Un gesto simbolico eloquente. In maniera organica sono integrate le istanze dei padri che chiedevano di pregare in piedi ad immagine del Risorto durante i

[166] *Parousia* viene spesso tradotto con il termine *venuta(futura)* ma primariamente significa *presenza(fisica)* e tradizionalmente indica la presenza eucaristica. Cfr. HAHN, *La cena dell'Agnello*, 116.

[167] Cfr. G. BONACCORSO, *lo studio della liturgia nel dibattito teologico contemporaneo*. Cit. in: NASINI, *Ars celebrandi e didascalizzazione della liturgia*, 1050.

tempi pasquali, con la necessaria adorazione voluta da Dio stesso con il piegare le ginocchia di fronte alla Sua presenza salvifica. Nel rito si percepisce perciò quando da soggetto della preghiera cediamo il posto al vero protagonista, ovvero quando passiamo dal pregare pensando alla nostra condizione, all'adorare chi quella condizione ce l'ha donata con il Suo sacrificio.

Abbiamo visto poi come lo stare in piedi del Risorto non è un restare in piedi ma il sollevarsi dalla condizione di caduta: la sapienza della Chiesa ci mostra ciò nel gesto del rialzarsi dopo aver adorato, a significare che è lo stesso Cristo risorto a rialzare chi si è gettato ai suoi piedi. Parafrasando sant'Agostino, se vogliamo essere in comunione con la condizione del Risorto dobbiamo prima re imparare ad adorarLo.[168]

In conclusione, la forza della genuflessione di fronte al mistero che avviene sull'altare, un gesto che va al di là dei tempi e delle condizioni, è nel segno della continua testimonianza che il cristiano offre a se stesso e agli altri, ovvero che è vero e reale che Dio, in carne e sangue, si pone ancora di fronte agli uomini su questa terra e li incorpora alla Sua vita nutrendoli di Sé. La Chiesa cattolica è investita di una responsabilità nei confronti dell'umanità intera a partire dagli altri fratelli cristiani separati fino agli indifferenti, ai lontani e ai pagani. Sarebbe bello che tutti i figli della Chiesa si riappropriassero dell'insieme delle ricchezze simboliche della liturgia e tra queste, di un gesto che riesce a parlare più delle parole e pensato appositamente per annunciare continuamente al mondo la *parousia* di Cristo Signore,[169] che ogni giorno si umilia nel sacramento dell'altare[170] e ci rende ospiti alla tavola del Regno avvenire.

---

[168] «Nessuno mangi quella carne [il Corpo eucaristico], se prima non l'ha adorata. Peccheremmo se non l'adorassimo». Vedi nota 105.

[169] «Gesù non avrà neanche un briciolo di gloria in più di quanta ne possiede adesso sugli altari e nei tabernacoli. La Messa è il paradiso sulla terra». HAHN, *La cena dell'Agnello*, 116.

[170] Cfr. *Fonti Francescane*, Padova: Editrici francescane, 2010, n. 144.

BIBLIOGRAFIA

1. Fonti

1.1. Fonti magisteriali

PIO XII, lettera enciclica *Mediator Dei* de Sacra Liturgia, 20.11.1947: AAS 39 (1947) 521-600.

PAOLO VI, lettera enciclica *Mysterium Fidei* de doctrina et cultu ss. Eucharistiae, 03.10.1965: AAS 57 (1965), 753-774.

GIOVANNI PAOLO II, lettera enciclica *Ecclesia de Eucaristia* sull'Eucaristia nel suo rapporto con la Chiesa, 17.04.2003: AAS 95 (2003), 433-475.

BENEDETTO XVI, es. ap. *Sacramentum Charitatis*, 22.02.2007: *Enchiridion Vaticanum,* vol. 24, Bologna: EDB, 2009, 86-259.

CONCILIO ECUMENICO VATICANO I, cost. dogm. *Pastor aeternus*, 18.07.1870: *Enchiridion Symbolorum*, Bologna: EDB, 1995, 1061-71.

CONCILIO ECUMENICO VATICANO II, cost. dogm. *Sacrosanctum concilium*, 12.08.1965: *Enchiridion Vaticanum*, vol. 1, Bologna: EDB, 1976, 18-95.

CONGREGAZIONE PER LA DOTTRINA DELLA FEDE, *Vocazione ecclesiale del Teologo (Donum Veritatis),* 25.5.1990: *Enchiridion Vaticanum*, vol. 12, Bologna: EDB, 1976, 297-299.

SACRA CONGREGATIO PRO SACRAMENTIS ET CULTU DIVINO, Istruzione *Inestimabile donum* de quibusdam normis circa cultum mysterii eucharistici, 03.04.1980: AAS 72 (1980) 331-343.

CONGREGAZIONE PER IL CULTO DIVINO E LA DISCIPLINA DEI SACRAMENTI, *Missale Romanum*, editio typica tertia, Città del Vaticano: LEV, 2002.

CONGREGAZIONE PER IL CULTO DIVINO E LA DISCIPLINA DEI SACRAMENTI, *Anno dell'Eucaristia. Suggerimenti e proposte*, 15.10.2004: "L'Osservatore Romano", 15.10.2004, Suppl.

CONFERENZA EPISCOPALE ITALIANA, *Messale Romano*, II edizione, Città del Vaticano: LEV, 1983.

1.2. Altre fonti

AGOSTINO, *La città di Dio*, vol.3, Roma: Città Nuova, 1991, 718 p.

AMBROGIO, *Esamerone*, Roma: Città Nuova, 2002, 334 p. (collana di testi patristici, 164).

CIRILLO DI GERUSALEMME, *Le catechesi*, Roma: Città Nuova, 1993, 518 p. (collana di testi patristici, 103).

ORIGENE, *La preghiera*, Roma: Città Nuova, 1997, 211 p. (collana di testi patristici, 138).

PIO DA PIETRELCINA, *Epistolario*, vol. 1, San Giovanni Rotondo: Edizioni Padre Pio da Pietrelcina, 1995, 2005 p.

2. Sussidi

BONACCORSO, Giorgio, *Celebrare la salvezza. Lineamenti di liturgia*, Padova: Edizioni Messaggero, 2003, 239 p.

BUNGE, Gabriel, *Vasi di argilla. La prassi della preghiera personale secondo la tradizione dei santi padri*, Magnano: Qiqajon, 1996, 226 p.

BUSCA, Gianmarco, *La settimana santa. Con i cristiani d'oriente*, Roma: Lipa, 2014,367 p.

CIPRIANI, Settimio, *La preghiera nel nuovo testamento*, Milano: O.R., 1989, 400 p.

DYCKHOFF, Peter, *Pregare con il corpo. Alla scuola di san Domenico*, Milano: Ancora, 2005, 165 p.

GAGLIARDI, Mauro, *liturgia fonte di vita. Prospettive teologiche*, Verona: Fede&Cultura, 2009, 237 p.

GUARDINI, Romano, *Lo spirito della liturgia. I santi segni*, Brescia: Morcelliana, 2003, 207 p. (ed or. 1927).

HAHN, Scott, *Sign of life. 40 catholic customs and their biblical roots*, file epub, New York: Doubleday, 2009, 288 p.

___, *Catholic bible dictionary*, file epub, New York: Doubleday, 2009, 1184 p.

___, *Roma dolce casa. Il nostro viaggio verso il cattolicesimo*, Milano: Ares, 2011, 237 p.

___, *La cena dell'Agnello. La Messa come paradiso sulla terra*, Siena: Cantagalli, 2011, 163 p.

HILLESUM, Etty, *Diario*, Milano: Adelphi, 1996, 260p.

JUNGMANN, Josef Andreas, *Missarium solemnia. Origini, liturgia, storia e teologia della Messa romana*, Milano: Ancora, 2004, 406 p.

KUNZLER, Michael, *La liturgia della Chiesa*, vol. 10, Milano: Jaca Book, 2003, 621 p.

MAGRASSI, Mariano, *Il fuoco dello Spirito nel calice*, Bari: La scala, 1983, 62 p.

MARTINELLI, Luigi, *Le forme del Sacro*, file epub, Brescia: Carvinato Editore,2014,1023 p.

NUETZEL, Johannes, v. *γόνυ*, in *Dizionario Esegetico del Nuovo Testamento* vol. 1, Ed. Gerhard Schneider, Horst Balz, Paideia, 2004, 681-2.

Ordinamento generale del Messale romano. Celebrare e vivere l'Eucaristia, a cura di RAMPAZZO, Fulvio – PASSARIN, Damiano, Padova: Edizioni Messaggero, 2011, 300 p. (documenti, 3).

PADOVESE, Luigi, *Introduzione alla teologia patristica*, Casale Monferrato: Piemme, 1992, 237 p.

RATZINGER, Joseph, *Introduzione allo spirito della liturgia*, Cinisello Balsamo: San Paolo, 2001,231 p.

___, *la festa della fede. Saggi di teologia liturgica*, Milano: Jaca Book, 2005, 122 p.

___, *Natura e compito della teologia. Il teologo nella disputa contemporanea. Storia e dogma*, Milano: Jaca Book, 1993, 166 p.

RIGHETTI, Mario, *La Messa. Commento storico-liturgico alla luce del Concilio Vaticano II*, vol. 3 di *Manuale di storia liturgica*, Milano: Ancora, 1966, 676 p.

SCHARBERT, Josef, v. *brk*, in *Grande Lessico dell'Antico Testamento* vol. 1, Ed. Botterweck-Ringgren, Brescia: Paideia,1988, 1645-58.

SCHMEMANN, Alexander, *Il mondo come sacramento*, Brescia: Queriniana, 1969 (collana theologia publica 14), 124 p.

___, *The Eucharist. Sacrament of the Kingdom*, New York: san Vladimir's seminary press, 2003, 249 p.

SINOIR, Michel, *La prière à genoux dans l'Ècriture sainte*, Parigi: Téqui, 1997, 45 p.

TAFT, Robert, *A partire dalla liturgia. Perché è la liturgia che fa la Chiesa*, Roma: Lipa: 2004, 445 p.

v. *ginocchio*, in *Dizionario delle immagini bibliche*, Cinisello Balsamo: San Paolo, 2006, 618-9.

ZOLLI, Eugenio, *Prima dell'alba*, Cinisello Balsamo: San Paolo, 2004, 284 p.

AMATA, Biagio, *'Coram Domino'. Linguaggi che esprimono l'atteggiamento di adorazione davanti al Signore in alcuni antichi autori cristiani*: "Rivista Liturgica" 94, 6 (2007) 859-870.

BONACCORSO, Giorgio, *la dimensione comunicativa della liturgia*: "Rassegna di teologia" 41, 4 (2000) 485-515.

FRANCO, Carlo, *Catechesi dei gesti liturgici: come usarli, come insegnarli?*: "Rivista di Pastorale Liturgica" 40, 4 (2002) 34-41.

NARDI, Carlo, *Genuflessione o inchino? L'Apocalisse fra le panche di chiesa. E non solo*: "Rivista di Ascetica e Mistica" 27, 1 (2002) 65-69.

NASINI, Francesco, *Ars celebrandi e didascalizzazione della liturgia*: "Rivista liturgica" 98, 6 (2011) 1047-1056.

PRÉTOT, Patrick, *La liturgia, un'esperienza corporale. Indicazioni per una «grammatica» del corpo nella liturgia*: "Rivista Liturgica" 96, 6 (2009) 968-985.

VITA, Stefano, *Fede e politica: un'utopia o un impegno possibile? Quale civiltà si imporrà nel futuro del pianeta?* 26.12.2012: online in "Zenit": <http://www.zenit.org/it/articles/fede-e-politica-un-utopia-o-un-impegno-possibile> (accesso 08.05.2015).

Why Are Prayers Said In Church Without Kneeling On All Sundays and From Pascha Until Pentecost?: Orthodox Life 27, 3 (1977) 47-50.

UFFICIO DELLE CELEBRAZIONI LITURGICHE DEL SOMMO PONTEFICE, *Le disposizioni integrative del Cæremoniale Episcoporum al Missale Romanum*, 15.06.2011: online in Vatican.va: <http://www.vatican.va/news_services/liturgy/details/ns_lit_doc_20110615_disposizioni-integrative_it.html> (accesso 15.05.2015).

___, *Eucaristia - Adorazione – Comunione*: online in Vatican.va: <http://www.vatican.va/news_services/liturgy/insegnamenti/documents/ns_lit_doc_eucaristia-adorazione-comunione_bxvi_it.html> (accesso 15.05.2015).

Printed by Books on Demand GmbH, Norderstedt / Germany